at the crossroads

가야만 하는길

미래 환경·문화 준비보고서
−기후변화, 환경성 질병, 동남아시아, SNS 문화

임 승 근 지음

연경문화사

at the crossroads

가야만 하는 길

발행일 2016년 1월 5일
지은이 임승근
펴낸이 이정수
책임 편집 최민서·신지항
펴낸곳 연경문화사
등록 1-995호
주소 서울시 강서구 양천로 551-24 한화비즈메트로 2차 807호
대표전화 02-332-3923
팩시밀리 02-332-3928
이메일 ykmedia@naver.com
값 15,000원
ISBN 978-89-8298-175-3 (03300)

이 도서의 국립중앙도서관 출판예정도서목록(CIP)은 서지정보유통지원시스템 홈페이지(http://seoji.nl.go.kr)와 국가자료공동목록시스템(http://www.nl.go.kr/kolisnet)에서 이용하실 수 있습니다. (CIP제어번호 : CIP2015033279) at the crossroads

가야만 하는길

목차

제3장 동남아시아의 역사와 문화

인류의 역사는 환경에 대한 인간의 도전과 조화로 시작되었다.

"세계 역사상 모든 우수한 문명과 문화는 어김없이 고난과 역경의 소산"이라는 역사가 아놀드 토인비Arnold Toynbee의 말처럼 인류 역사에 존재했던 그 어떤 문화와 문명들도 환경문제와 시대 변화에 대한 인간의 끊임없는 도전과 응전이 없었다면 불가능했을 것이다.

하지만 우리가 기억해야 하는 또 하나의 중요한 역사적 사실은 그 찬란했던 문화와 문명들의 멸망 뒤에는 언제나 환경의 변화와 인간욕망에 대한 무관심과 방심이 도사리고 있었다는 것이다.

이처럼 우리가 사는 이 사회를 보다 잘 이해하고 그 환경을 보존하고 가꾸는 일 그리고 미래를 준비하기 위해 현재를 이해하는 일에는 어떠한 정치적 이념도, 종교적 신념도, 이해득실도 우선할 수 없다. 왜냐하면 아니 그래야만 하는 진정한 이유는 비록 지금 우리가 살아가고 있는 이 사회와 환경 그리고 그 문화가 비단 우리의 것이 아니라, 먼 훗날 이 지역에서 살아가야 할 미래 후손들의 것이며 우리는 그 세대로부터 지금의 사회와 환경을 빌려 온 것이기 때문이다.

우리가 지금 빌려 쓰고 있는 이 사회와 환경은 잘 보존하고 발전시켜 그들에게 되돌려주는 것이 이 시대를 살아가는 의식 있는 사람들의 양심적 행동이라고 필자는 생각한다.

이 책은 평소 필자가 중요하다고 강조해 온 우리가 알고 준비해야 할 네 가지 주제 즉 **"기후변화, 환경성 질병, 동남아시아, 소셜 네트워크 서비스SNS"**에 대해 그동안 여러 방면으로 수집하고 모아온 여러 자료들과 사진, 그리고 현지 탐사와 인터뷰 및 인터넷 자료를 다시 재정리한 것이다. 비록 글에서 발견되는 주요 주제들에 대한 크고 작은 오류들은 이 책을 읽는 독자들의 너그러운 이해에 의존할 수밖에 없는 필자의 부족함의 소산이며 더욱더 노력하라는 침묵하는 독자들의 조언일 것이다.

"지금 우리는 선택의 기로에 서 있다. 언제나 인생이 그렇듯이"

임 승 근

제1장

기후변화

기후변화의 서막

파키스탄 남부 신드 주에서는 지난 20일부터 곳에 따라 최고 48도에 이르는 폭염으로 830명 이상 사망한 것으로 집계됐다고 현지 일간 돈DAWN은 전했다. 피해자 대부분은 50세 이상 고령으로 노숙자 등 저소득층으로 알려졌다. 신드 주 정부는 주민들의 야외활동을 최소화하고 전력사용을 줄이고자 24일 하루 임시공휴일을 선포했다. 또 주 내 모든 병원에 비상령을 내려 의사와 직원들의 휴가를 취소하게 했다.

파키스탄은 몬순(우기)이 시작되기 직전인 이맘때가 가장 더운 때이기는 하지만 이번처럼 고온이 계속된 것은 이례적이다. 파키스탄 기상청은 이번 폭염의 원인으로 카라치 남쪽 아라비아 해상에 저기압이 장기간 형성되면서 육지에 해풍이 불지 않았던 점을 꼽았다. 굴람 라술 기상청장은 "바다에서 육지로 바람이 불면서 육지 온도를 낮추는데 최근 해상에 저기압이 오랫동안 발달하면서 내륙으로 바람이 불지 않아 기온이 상승했다"고 말했다.

라술 청장은 이 같은 현상이 기후변화와 관련 있다고 보지는 않는다고 덧붙였다.

하지만 카마루즈 자만 차우드리 전 기상청장 등 여러 전문가들은 이상 고온 자체가 기후변화의 징후라고 반박했다. 수도 이슬라마바드의 '세계기후변화영향연구센터'의 모신 이크발 박사는 "파키스탄의 기온 상승이 세계 평균기온 상승보다 높다"며 정부가 식량 문제 등 기후변화의 영향에 대비책을 마련해야 한다고 주장했다. 〈2015/06/24 연합뉴스 중에서〉

어느 날 느닷없이 찾아오는 환경변화나 기후변화climate change는 현대를 사는 우리에게 심각한 문제들 중 하나다. 특히 기후변화는 지구 기후 내부의 변화와 해양, 만년설 등의 지구의 다른 부분의 진행, 인간 활동이 반영된 결과물이다. 기후를 변화시킬 수 있는 외부 요인으로는 태양복사, 지구의 궤도, 온실가스 등이 주로 언급되고 있다. 이러한 이상 기후변화는 이미 오래전에 예고된 것이었고 그 영향 또한 일찍부터 예측되었다.

미국 스크립스 해양연구원Scripps Institute of Oceanography의 연구원들은 지난 1957년 연구를 통해 대기 중 이산화탄소가 바다에 예상만큼 흡수되지 않는다는 사실을 밝혀냈다. 더욱이 대기 중 이산화탄소 농도와 바닷물 포화 용존 이산화탄소량 간의 불균형이 존재한다는 점을 지적함으로써 미국의 연구원들은 화석연료 소비행태에 경종을 울리고자 했었다. 하지만 이러한 연구의 선한 의도는 세간 사람들에 의해 무시당했다. 그리

▌레이첼 카슨

고 몇 년 후인 1962년 《침묵의 봄》을 통해 레이첼 카슨^{Rachel Carson} 여사는 살충제·살균제의 사용으로 생태계가 파괴되는 것을 우려했고, 봄이 왔는데도 생태계 파괴로 인해 새들의 노랫소리를 들을 수 없다는 취지에서 책 제목을 '침묵의 봄'이라 지었다. 그녀는 생태계에서 농약이 어떻게 확산되는지를 시작으로 어떻게 동식물에 축적돼 연쇄작용을 일으키는지를 많은 사람들에게 알리고자 했다. 하지만 살충제 위해성을 경고한 그녀의 노력조차도 쓸데없는 공포를 조장하는 '마녀'로 매도되었다.

1950년대 미국의 20세기 말은 21세기 초의 한국과 유사한 점이 많다. 이때는 미국이 제2차 세계대전을 승리로 이끌고 나서 소련과 동서냉전을 시작한 시기다. 우리도 한 때 한국전쟁을 겪으면서 메카시즘^{MaCarthyism1}이라는 반공주의의 일방적 마녀사냥이 정치, 사회, 문화 등 전 분야를 휩쓸고 지나갔다. 과학과 기술, 개발과 발전 이데올로기에 대한

'숭배'가 정점에 달했다. 이러한 식의 미국 사회문화는 생명체와 인간에게 끔찍한 피해를 안겨주었다. 도시는 물론 농촌에서도 새와 곤충이 사라지고, 인간과 가축과 농산물은 병들어 갔던 것이다.

이런 점에서 레이첼 카슨의 《침묵의 봄》은 역사적으로 의미가 있는 책이다. 그녀는 어느 순간부턴가 새소리가 들리지 않는 조용한 봄이 찾아왔다고 말한다. 인간의 과학과 기술이 자연을 지배할 수 있다는 오만한 생각에 자연은 신음하고 있으며 자연의 아픔이 고스란히 인류에게 되돌아오고 있다고 그녀는 말한다. 사실 《침묵의 봄》은 현대를 사는 우리에겐 오래되고 낡은 책이다. 지금의 현대인들에게 생태적인 방법으로 자연을 보호해야 한다는 레이첼 카슨의 주장은 지겹도록 들어왔던 말이고 진부하게 느껴질 수밖에 없다. 그러나 생태적인 방법으로 자연을 보호해야 한다는 생각을 처음으로 공론화한 것은 레이첼 카슨이 최초였다는 역사적 사실이 중요하다.

현대의 도시는 현대사회의 체제적 기반이다. 하지만 레이첼 카슨이 주장한 것처럼 도시는 기후변화에 직접적으로 큰 영향을 끼치고 또 받는 주체가 되었다. 따라서 기후변화의 '실체적 진실'과 '기후변화에 대응하는 세력들의 가치체계 및 논리'를 파악하는 일은 중요하다. 초기 기후변화 연구들이 그 의미와 선의를 인정받지 못하거나, 그 결과에 부합하는 강제적 국제규정의 제정과 이행이 지지부진한 것은 결국 석유·석탄 중심의 화석연료 업계와 이들을 위해 일하는 로비스트들, 그리고 이들에게 설득당한 각국 행정부와 지방자치단체장들에게 그 책임이 있다. 과연 기후변화의 실체적 진실, 위기의 심각성 인식 결여, 위기에 대한 대응력 부족은 어떤 형태로 유지되는 것일까?

우선 우리는 과학적 진실보다 정치적 타협을 따르는 과학자들에게서 그 문제의 답을 찾을 수 있다. 과학의 논리가 아니라 정치의 논리에 순응하는 순간, 과학자들은 문제를 푸는 사람들이 아닌 문제를 어렵게 만드는 사람들이 된다. 역사적으로 볼 때 권력이 자기 유지를 위해 객관성의 포장을 두른 과학의 이름을 도용하는 것은 늘 있어온 일이다. 더 나아가 과학자들에게 사실을 왜곡하라고 압력을 행사하는 일도 늘 있어온 일이다.[2] 연구를 지원하는 기업들이 자사에 불리한 증거를 내놓는 과학자들을 침묵시키거나 연구결과를 폄훼하고 왜곡하는 일이 그 대표적인 사례일 것이다. 기후변화를 둘러싼 과학과 정치의 불화는 기

▌IPCC 홈페이지: http://www.ipcc.ch/

존의 에너지체제 유지가 자기 체제를 유지하는 데 유리한 모든 사회권력 집단에서 발생하는 일이다.

20세기 말 이후 인류사에는 '인간 활동의 기후변화 영향력'을 둘러싼 논쟁이 벌어졌다. 그리고 이 논쟁에 대한 가장 거대한 국제적 결론이 우리 사회에 큰 변화를 가져왔다. 1988년 세계기상기구와 유엔 환경계획UNEP이 함께 설립한 '기후변화에 관한 정부 간 협의체'IPCC : Inter-Governmental Panel for Climate Change의 1990년(1차)와 1995년(2차) 보고서에 그 변화의 기록들이 남아있다. 두 보고서는 '인간의 기후변화에 미친 영향에 대한 평가'를 동종 보고서라고 보기 힘들 정도로 달랐다. 1차 보고서는 인간이 기후변화에 미치는 영향은 '제한적'이라고 평가했지만, 2차 보고서는 "순전히 자연적인 현상으로 보기에는 힘들다. 지구의 기후변화에 인간의 영향이 미친 것으로 보이는 충분한 증거들이 나타났다"라고 기술하였다. 그리고 극적으로 변화된 그 결론은 유엔UN의 기후변화 연구·평가 사업들이 기후변화에 대한 인간 영향을 전제하고 시작할 수 있게 한 시금석이 되었다.

이렇게 기후변화의 진실은 2015년인 지금도 그리고 미래에도 시험받게 될 것이다. 탄소체제의 수혜자들이 지구라는 우주선의 공익보다 사익을 위해 이기적으로 활동하기 때문이다. 불행하게도 그들의 권력은 크다. 기후변화의 진실과 그 진실을 가리는 자들의 싸움은 오늘날 어떻게 전개되고 있는가?

이번 2015년의 네팔 지진에서 알려지지 않은 뒷이야기가 있다. 그 지진에 대한 각종 언론이 전하는 보도는 대강 이러했다. 2015년 4월 25일 정오께 네팔 수도 카트만두 인근에서 규모 7.9의 강진이 발생하면서, 많은 인명피해와 재산피해가 속출하고 있다. 5월 1일에는 사망자 수가 6,600명에 이른다는 보고도 있다. 이번 지진의 원인은 고대 지각판들의 충돌로 인한 필연적인 결과라는 분석이 나왔다. 또한 지질 전문가들에 따르면 이번 지진의 원인은 인도와 네팔 사이의 국경을 따라 균열이 형성돼 있는 두 거대한 지각판인 인도판과 유라시아판이 충돌했기 때문이다.

인도판은 원래 고대 남반구 땅 전체를 아우르던 초대륙인 곤드와나의 일부였다가 약 9000만 년 전의 백악기 후기에 이 대륙의 분열과 함께 떨어져 나오며 북진을 시작했다. 인도판은 약 5000만 년 전 신생대 에오세 때의 북진 속도가 1년에 2,000~3,000km에 이른 것으로 추정된다. 곤드와나 대륙의 다른 지각판들에 비해 두께가 절반 정

■2015년 네팔 지진의 위치와 강도

도에 불과해 그 이동 속도가 빨랐다. 마침내 약 2500만 년 전 거대한 섬이던 인도 대륙이 판의 급격한 움직임에 휩쓸려 아시아 대륙과 충돌했다. 이때 지형이 솟구치며 세계의 지붕인 히말라야 산맥과 티베트 고원이라는 조산대가 형성됐다. 인도판과 유라시아판의 충돌은 오늘날까지도 계속돼 매년 3.8~5.0cm씩 마주보고 이동 중이다. 이로 인해 히말라야 산맥의 고산들도 더욱 위로 솟구치고 있으며 그 과정에서 강력한 지진이 발생했다는 것이다.

지진 전문가들은 수십 년 전부터 네팔의 카트만두가 지진 위험에 노출돼 있다고 거듭 경고해왔다. 미국의 비영리 지진 연구단체인 지오헤저드 인터내셔널GI에 따르면 네팔 지역에 약 75년을 주기로 대지진이 발생할 것이라는 경고성 발표를 했었다고 한다. 약 81년 전인 지난 1934년엔 규모 8.1의 지진이 에베레스트에서 남쪽으로 약 9.6km 떨어진 네팔 동부지역을 강타해 약 1만여 명이 사망했었다. 또한 1988년엔 같은 지역에서 규모 6.8의 지진이 발생해 약 1,000여 명이 목숨을 잃었다. GI의 설립자인 브라이언 터커 대표에 따르면 GI는 지난 1990년대에 1934년 규모의 지진이 재발할 경우 사망자는 약 4만 명으로 늘 것이라고 예상했으며, 이 지역으로의 이주민 유입 증가와 부실한 건물들의 붕괴도 한몫할 것이라고 예측했었다.

사실 인도와 방글라데시의 강 하류 삼각주에서 나타난 빗물의 변동과 그런 변화가 서로 맞부딪치는 지각판에 가하는 압력이 그 시작이다. 대수롭지 않아 보이는 그런 요인이 지구 내면 구조에 미치는 기후 변화의 영향을 보여주는 증거라고 생각하는 과학자가 많이 있다.[3]

저명한 지질학자와 지구물리학자들은 그런 이해를 바탕으로 앞으로 세계 도처에서 수차례의 치명적인 지진, 화산 폭발, 쓰나미가 닥치리라고 예상한다. 그들 중의 1명이 바로 유니버시티 칼리지 런던[UCL]의 빌 맥과이어 명예교수다. 그는 "기후변화가 특정 장소의 특정 단층을 자극해 수많은 인명 피해를 가져올 수 있다"고 말했다. 그의 동료 중 일부는 그런 과정이 이미 시작됐다고 판단했다. 실제로 히말라야 산맥을 따라 생긴 불안한 지진 단층이 기후변화가 일으키는 작은 압력 변화에도 매우 민감하다는 것을 보여주는 증거가 마지막 빙하시대의 끝자락

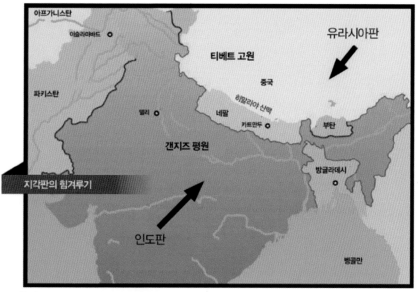

▌지각판의 힘겨루기(출처 : 연합뉴스)

에서 발견됐다.

지구가 따뜻해지고 날씨 패턴이 바뀌면 빙원의 해빙, 해수면 상승, 홍수가 일어날 수밖에 없다. 그런 기후 현상으로 지구에 가해지는 하중이 달라진다. 맥과이어 교수는 이런 과정을 '잠자는 거인 깨우기'waking a giant'라고 부른다. 시간과 장소만 맞으면 몇10억 톤의 물만으로도 잠자는 그 거인을 깨울 수 있다. "이런 스트레스나 압력 변화는 지질학 차원에선 악수할 때 손에 받는 압력에 불과하지만 해당 단층이 충분히 연약한 경우 그 정도의 힘도 지진을 일으킬 수 있다"고 맥과이어 교수는 뉴스위크에서 말했다.

이번 네팔 지진의 근본 원인은 용융된 지구핵core 위에 떠 있는 대륙 규모의 지각판들이 서로 충돌한 것이다. 약 2만 년 전 빙원이 녹기 시작했을 때 이런 과정에 가속도가 붙으면서 맨틀mantle(지구의 지각과 핵 사이 부분)이 불안정해졌다. 끊임없이 진행되는 이런 과정의 가장 최근 사건이 바로 네팔 지진이다. 인도를 떠받치는 지각판이 유라시아판 아래로 파고들면서 에너지가 분출된 것이다.

기후변화의 진실

전 세계 기후변화 피해액이 해마다 1조 2천억 달러(약 1,300조 원)를 웃돈다는 충격적인 연구 결과가 있었다. 이는 글로벌 GDP의 1.6%에 해당하며, 우리나라 GDP 1조 1,635억 달러보다 많은 수준이다. 이와 같은 내용은 최근 유럽의 비영리단체 DARA와 Climate Vulnerable Forum이 공동으로 펴낸 보고서를 통해 밝혀졌다. 기후변화 피해는 주로 농산물 생산 감소와 영양실조, 빈곤 및 질병을 겪게 될 개발도상국에 집중될 것으로 보인다. 2010년을 기준으로 했을 때 기후변화에 따른 사망자 수는 약 500만 명, 이 중 굶주림과 질병으로 목숨을 잃은 사람은 약 40만 명이었다. 화석연료 연소에 따른 대기오염으로 사망하는 사람들은 매년 450만 명으로 추산됐다. 이번 연구에는 50명 이상의 과학자와 경제학자, 정책전문가들이 참여했으며 보고서 작성 과정에서 20개 정부가 자문한 것으로 알려졌다.

이 보고서에 따르면 2010년 한 해 동안 기후변화가 초래한 경제적인 피해는 전 세계 GDP의 1%에 해당하는 7천억 달러 규모였다고

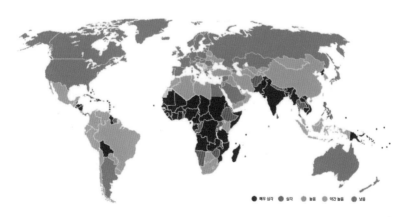

● 매우 심각 ● 심각 ● 높음 약간 높음 낮음

▌기후변화 피해등급에 따른 국가 지도

한다. 여기에 덧붙여서 대기오염에 따른 질병 증가 등 탄소집약경제 carbon-intensive economy가 유발한 피해는 세계 GDP의 약 0.7%이며, 이 두 가지를 합하면 피해 규모는 약 1조 2천억 달러 규모인 셈이다. 더욱 심각한 것은 피해규모가 갈수록 커질 것이라는 사실이다. 2030년경에는 기후변화로 인한 피해가 전 세계 GDP의 2.5%에 달하고, 탄소집약경제가 유발하는 피해액은 전 세계 GDP의 3%를 넘을 것으로 예상된다.

현재의 에너지 소비구조가 지속된다면 2030년까지 매년 6백만 명이 목숨을 잃게 될 것이다. 이는 기후변화와 탄소 집약적인 경제구조로 인해 2030년까지 약 1억 명이 사망하게 된다는 사실을 의미한다. 보고서는 사망자의 90% 이상이 개발도상국에서 발생할 것으로 전망했다. 특히 농촌과 해안 공동체에서 경제적인 피해는 곧바로 굶주림, 영·유아들의 건강 악화, 전염병 등의 문제와 직결되어 있다. 이는 기후변화가 UN의 밀레니엄개발목표MDGs에도 큰 위협이 될 수 있다는 사실을 말해주는 것이다. 기후변화에 가장 취약한 지역으로는 사하라 이남지역, 군소도서국가, 남아시아의 일부 국가 등이 꼽힌다. 하지만 이것은 이들 지역만의 문제가 아니다. 2억5천만 명은 해수면 상승, 3천만 명은 기상재해, 2천5백만 명은 영구동토층의 해동, 5백만 명은 사막화의 위험에 놓여 있는 것으로 추정된다.[4]

2004년에 개봉된 영화 〈투모로우〉[5]는 지구온난화 문제를 사실감 넘치는 화면으로 묘사해 대단한 화제를 몰고 온 작품이다. 지금처럼 지구온난화가 계속된다면 영화 〈투모로우〉에 등장하는 새로운 빙하기가 과연 도래할까? 대부분의 과학자들은 영화에서처럼 급격한 기후변동은 오지 않을 것으로 예측하지만, 이미 세계 곳곳에서 지구온난화로 인한 기상이변이 속출하고 있다는 것은 부인할 수 없는 사실이다.

▌영화 〈투모로우〉 포스터

대기 중에 포함된 이산화탄소는 태양복사 에너지를 잘 통과시키지만, 지구가 방출하는 복사에너지는 흡수한다. 이산화탄소가 마치 온실의 유리와 같은 역할을 하면서 지표의 온도를 높이고 있는 것이다. 이것을 온실효과greenhouse effect라 하고, 이산화탄소와 같은 기체를 온실기체라고 부른다. 이러한 온실효과로 인해 지구 표면의 온도는 계속해서 상승하고 있는데, 지구온난화는 지구전체의 평균기온이 올라가는 것을 말한다.[6] 온실기체에는 이산화탄소 외에도 수증기와 메테인 등이 있다. 이 중에서도 화석연료의 사용 증가에 따른 이산화탄소의 농도 증가가 온실효과에 큰 영향을 미친다. 즉 석유나 석탄과 같은 화석연료는 주로 연소시켜 에너지로 사용하게 되는데, 이 때 열과 함께 이산화탄소가 발생한다. 화석연료를 열에너지로 이용할 경우 이산화탄소의 발생은 반드시 나타나게 된다. 그리고 지구의 대기층은 태양에서 지구로 들어오는 빛에너지(단파 복사에너지)는 잘 통과시키지만, 대기 중에 이산화탄소·구름·수증기 등이 많아지면 지구 밖으로 나가는 열에너지(장파복사에너지)를 잡아 두게 되어 지구의 온도가 상승하게 된다.

하와이 마우나로아 관측소에서 측정된 이산화탄소 농도는 산업혁명 이전 280ppm에서 2008년을 기준으로 했을 때 386ppm으로 38% 증가했다. 하지만 문제는 그 증가 속도가 최근 들어 더욱 빨라지고 있다는 점이다. 지표면 온도는 1860년 전후로 상승하기 시작했으며, 지난 백 년(1906~2005년) 동안 약 0.74(0.56~0.92)℃ 정도로 상승했다. 이것은 과거 1만 년 동안 1℃ 상승한 것과 비교할 때 매우 높은 증가 추세이며 최근 50년간의 온도 상승이 과거 100년 동안의 상승 속도 대비 2배 정도 증가한 추세다.

다시 말해 2015년 현재를 기준으로 하여 지구의 기온은 지난 20년간 약 0.3~0.4℃가 올라갔으며, 지난 100년 동안 0.4~0.8℃ 올라갔다고 할 수 있다. 결국 지구 전체가 점점 따뜻해지고 있는 것이다. 그래서 많은 과학자들은 세계 곳곳에서 일어나는 이상기후는 이러한

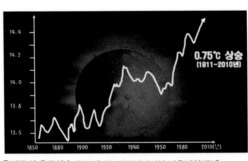

■ 지구의 온도상승 (자료출처: 광주전남지역 기후변화센터)

지구온난화에 따른 이상 현상으로 보고 있다. 일반적으로 30년 동안의 평균적인 일기 상태를 대개 '기후'라 하는데, 우리는 그 기후를 통해 대략적인 그날그날의 일기 상태를 예측하거나 예보한다. 여기에 과거 30년 동안 한 번도 관측되지 않았던 특징적인 기후변화가 나타나는 경우가 있는데, 우리는 이것을 바로 "이상기후"라 부른다. 물론 이상기후에는 지구온난화 외에도 해수면의 비정상적인 온도 변화, 태양 활동의 변화에 따른 태양복사에너지양의 변화, 화산 활동에 의한 일사량의 감소 등도 영향을 미친다.

캐나다 환경부 소속 과학담당 헨리 헹게벨트^{Henry Hengeveld}는 최근의 기후변화 추이는 과거에 비해 현저한 이상 징후를 보이는데, 인간이 기후체계에 영향을 미쳤다고 보는 것이 가장 타당하다고 주장한다. 1995년 5월, 미국의 국립정보센터^{NDC: National Data Center}는 다양한 관측방법들(기구, 선박, 위성, 관측소 등)을 이용해 얻은 빙하 해빙 추이, 해수면 상승, 기상변화 유형 등을 조사한 증거들이 "우리 인간이 기후에 영향을 미쳤음을 압도적으로 뒷받침한다"는 결론을 내렸다. 국립정보센터는 과거의 기후변화 경향을 계량화하여 '온실기후반응지표'를 계산해냈다. 이 지표는 1970년대 이전보다 그 이후에 꾸준히 높아지고 있었다. 결과적으로 말하면 당대의 기후변화가 자연적인 변화일 확률은 5%에 지나지 않을 것이라고 추정했던 것이다.

또한 한 정보에 의하면 미국의 해양환경국^{Marine Environment Bureau} 최고

위 관리자 가운데 한 사람은 "처음으로 기후변화에 인간이 영향을 끼쳤음을 자신 있게 말할 수 있다"고 밝혔다. 그래서 1995년 6월, '막스 플랑크 기상학연구소'의 연구팀은 지난 30년 동안 인류가 겪은 지구온난화가 자연적인 변이 때문일 확률은 40분의 1에 불과하다는 결론을 내렸다. 한편 1995년에 로렌스 리버모어 연구소LLNL: Lawrence Livermore National Laboratory 연구자들은 석탄 연소 시에 주로 발생하는 황산염 에어로졸Sulfate Aerosols이 기온변화에 주요 영향을 미친다는 사실을 밝혀냈다. 같은 해 8월에는 영국 기상연구소가 그때까지의 연구 중 가장 세련된 기후모델 실험결과를 출간했다. 이것은 해양과 대기의 요소를 다 포함해 정확성이 높은 결과 값을 얻게 된 획기적인 연구였다. 이로써 과거의 기후변화를 더 정확히 이해하고 미래의 기후변화를 더 잘 예측할 수 있게 된 것이다.

이렇듯 기후변화의 증거들은 지구 곳곳에서 속출하고 있다. 냉전시대 이래 미국과 영국의 해군은 핵잠수함의 수중음파탐지기를 이용하여 당시 북극의 얼음 두께를 측정해왔다. 그 측정 자료들의 비밀문서 해제가 이루어져 기후변화에 관한 실제 데이터가 세간에 알려지게 된 것이다. 1958~1976년 사이 북극 얼음두께는 평균 3.1m였는데 1993~1997년 사이에는 평균 1.8m로 약 42% 얇아졌다. 자료 분석을 주도한 미 시애틀 소재, 워싱턴주립대의 드류 로스록Drew Rothrock 교수는 이 현상은 일시적이거나 지역적 편차가 있는 게 아니라, 북극해 중심에

서 전반적으로 발생하고 있고 동부 지역은 더욱 심각하다고 밝혔다.[7]

영국 케임브리지대학 산하 스콧극지방연구소Scott Polar Research Institute의 피터 워드햄스Peter Wardhams 박사는 "북극 얼음두께가 1970년대와 2000년 사이 40%나 얇아졌고, 얼음의 면적도 10년마다 5%씩 줄어들어 50년 후면 북극의 얼음은 모두 사라지게 된다"고 지적해 《가디언Guardian》[8]이 2000년 8월 25일 자에 이를 실었다.

그 증거는 충분하다. 그것도 이미 지난 1990년대의 연구 결과들만으로도 충분하다. 오늘날에는 지구 전역에서 더 다양한 기후변화의 징후들이 보편적으로 나타나고 있다. 소규모 열대성 저기압이 초강력 폭풍·허리케인·사이클론으로 빈번히 확대되는 현상, 그리고 이들이 만들어내는 강수량의 평균치와 최대치의 증가, 추운 날의 감소, 얼음이 어는 날의 감소, 일교차의 축소, 여름 가뭄 등이 그것들이다. 북극지방의 기온은 1970~2000년 기간에 기후변화의 영향으로 11도가 올랐는데, 이는 지난 400년 동안의 기록 중에서 가장 높은 온도다.

2015년 올해의 여름도 이미 장마철에 들어섰지만 비다운 비는 내리지 않는 '마른장마' 현상이 전국 곳곳에서 이어지고 있다. 전국 대부분 지역의 올해 강수량은 평년에 비해 턱없이 모자란 수준이다. 최근 가뭄으로 고통 받고 있는 지역은 우리나라뿐만 아니라 북한, 미국, 인도, 브라질 등 세계 곳곳에서도 가뭄이나 폭염이 계속되고 있다.

중국 쓰촨성에서는 70년 만의 최대 홍수로 50만 명이 피해를 입었다. 이렇듯 전 세계적으로 이상기후 현상이 벌어지고 있고, 이로 인해 막대한 피해가 발생하고 있다. 이처럼 가뭄이 세계 각지에서 기승을 부리게 된 원인은 무엇일까? 많은 사람들은 가뭄의 주요 원인으로 적도 주변의 바닷물 온도가 비정상적으로 높아지는 '엘니뇨 현상'을 말하고 있다. 높아진 수온 때문에 수증기가 많이 발생하여 적도 주변의 지역에는 폭우가 쏟아지고, 그 반대편에는 가뭄을 초래하는 엘니뇨 역시 이상기후의 일종이다. 태평양 적도 부근의 따뜻한 표층수는 보통의 경우 편동무역풍에 의해서 서쪽으로 이동하게 되므로 상대적으로 해수온도는 동태평양 쪽이 낮게 된다. 그러나 무역풍이 약해지면 따뜻한 표층수의 이동이 약해져 서태평양의 해수온도는 평상시보다 낮게 되고, 중앙태평양 또는 동태평양의 해수온도는 올라가게 되는데 이것이 바로 엘니뇨 현상[9]인 것이다. 엘니뇨가 일어나면 해수면의 온도가 평년보다 2~3℃ 높아지므로 대기의 흐름에 영향을 주어 이상기후를 초래하며 세계 여러 곳에 가뭄, 홍수, 한파 등의 기상 이변을 일으킨다. 엘니뇨는 보통 3~4년의 주기로 일어나는데 이것 또한 지구온난화에서 비롯되었다고 한다. 앞서 언급했듯이 지구온난화를 초래한 원인은 인간의 무분별한 화석연료 사용이라고 다수의 과학자들은 말한다. 가속화되는 지구온난화로 인간의 생존마저 위협받고 있는 상황에서 인간은 재앙을 막기 위해 이런저런 노력을 기울이고 있다. 바닷물을 담수화하고, 물을 재활용하고 절약하기 위한 기술을 개발하고 있고, 국가 간의 협상을 통해 온실가스 배출을 줄이기 위해 노력하고 있다. 그러나 오래전부터 진행돼 온 이런 노력에도 불구하고 지구는 점점 뜨거워지고 식을 줄 모른다.

이렇듯 이상기후변화를 피부로 느낄 수 있게 된 많은 사람의 불안을 달래주는 것은 과학기술로 지구온난화를 막을 수 있을 것이라는 막연한 기대다. 하지만 기후변화를 초래한 근본원인인 화석연료의 사용을 억제하지 않은 채 기술개발에만 의존하려는 태도는 문제의 근본적 해결방안이 될 수 없다. 여기에다 기후변화에 대응하기 위해 이루어져 왔던 수많은 국가 간의 협상들은 선진국과 개발도상국 사이의 갈등과 국가 이기주의 탓에 별다른 진전을 보지 못하고 있다. 기후변화를 야기하며 발전해 온 선진국은 개발도상국에 화석연료의 사용을 줄이자고 요구하고 있고, 이에 대해 개발도상국은 오늘날 기후변화의 책임은 선

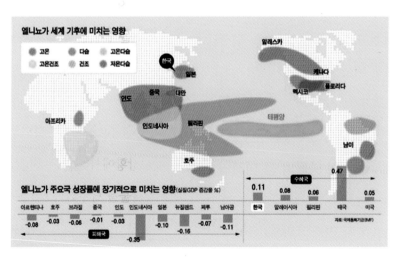

▎엘니뇨가 세계기후에 미치는 영향

진국에게 있다며 반발하고 있기 때문이다.

기후변화 위기에 대응하기 위해 우리는 늘 해오던 방식에서 벗어나 새롭게 생각하고 행동해야 한다. 20세기를 대표하는 물리학자 아인슈타인^{Albert Einstein}은 "우리가 당면한 심각한 문제는 우리가 그것을 만들었을 때의 사고 수준으로는 해결할 수 없다"며 "만약 인류가 계속 살아남고자 한다면 본질적으로 새로운 사고방식이 필요하다"고 말했었다. 그동안 자연을 착취해 온 무책임한 인류의 태도는 지구온난화와 이상기후변화를 낳았다. 그리고 아직도 현

┃아인슈타인

대인들은 과학기술을 만능으로 여기고 있다. 이제라도 우리는 과학기술을 맹신한 채 결과에 책임지지 않는 태도를 버려야 한다. 자연환경을 보전하고 다른 국가들과도 공생할 수 있는 새로운 패러다임의 정립 시기는 빠를수록 좋다.

지금의 행동이 곧 미래의 변화

영화 〈나비효과〉의 근원적 모티프로 작용하고 있는 '카오스 이론'

은 무질서하게 보이는 현상 혹은 예측 불가능한 현상도 배후에는 모종의 정연한 질서가 존재한다는 이론이다. 이 이론은 퍼지 이론, 뉴로 이론에 이어 제3의 이론으로 불린다. 뉴욕에서 나비 한 마리가 날갯짓을 하면 서울에 비가 올 수 있다고 하는 '나비효과'로 더 잘 알려진 이론이며 1920년 로버트 메이라는 물리학자로부터 시작되어 현재 물리학계에서 호평을 받는 이론이다.

1961년 겨울 미국 북동부 매사추세츠 주 케임브리지 MIT의 과학자 에드워드 로렌츠는 당시로써는 상당히 성능이 좋은 컴퓨터로 기상예측모델을 시험 중이었다. 마치 만유인력의 법칙으로 지구와 행성의 운동 경로를 예측할 수 있듯이, 정확한 법칙만 발견한다면 날씨를 예측하는 일도 가능하리라고 믿었던 시절이었다. 그리고 그 당시의 컴퓨터는 강력한 도구였다. 그러던 어느 날, 로렌츠는 몇 달 전에 한 번 작업했던 기상예측 시뮬레이션을 다시 한 번 검토하며 무심코 컴퓨터에 숫자를 입력하였다. 그가 애초에 입력한 숫자는 0.506127과 같은 소수점 이하 여섯 자리였는데, 로렌츠는 그 중에서 0.506처럼 의미 있는 소수점 이하 세 자리만 입력한 것이다. 1,000분의 1 정도의 차이가 전혀 다른 결과를 가져왔다. 바로 이것이 현대적 '카오스 이론'이 탄생하는

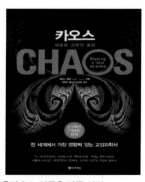

▐ 카오스 이론을 다룬 서적

순간이었다. 초기의 미세한 변화가 결과에 엄청난 차이를 만들어낸다는 로렌츠의 발견은 흔히 '나비 효과butterfly effect'로 불린다.

나비효과란 브라질에 있는 나비의 날갯짓이 미국 텍사스에 토네이도를 발생시킬 수도 있다는 비유로, 지구 어디에선가 일어난 조그만 변화가 예측할 수 없는 변화무쌍한 날씨를 만들어낼 수도 있다는 것을 의미한다. 로렌츠의 이러한 생각은 기존의 물리학으로는 설명할 수 없는, 이른바 '초기 조건에의 민감한 의존성' 곧 작은 변화가 결과적으로 엄청난 변화를 일으킬 수 있다는 사실을 보여준다는 이론이다.

카오스 이론은 작은 변화가 예측할 수 없는 엄청난 결과를 낳는 것처럼 안정적으로 보이면서도 안정적이지 않고, 안정적이지 않은 것처럼 보이면서도 안정적인 현상을 설명한다. 또한 겉으로 보기에는 한없이 무질서하고 불규칙해 보이면서도, 나름대로 어떤 질서와 규칙성을 가지고 있는 현상을 설명하려는 이론이다. 기존의 선형적인 방식으로 설명하던 세계가 이제는 비선형적인 세계로 바뀌는 것이다. 마찬가지로 지금 우리의 작은 행동이 미래에 어떤 결과를 가지고 올지 모른다는 사실이다.

앞에서 진술한 것처럼 지금의 지구온난화는 기후변화에 관한 정부 간 협의체IPCC나 전문기관들의 예측치를 훨씬 뛰어넘어 빠르게 진행되고 있다. 심지어 미국 ABC뉴스는 미국국립빙설자료센터NSIDC의 연구보고서를 인용하며 북극에서 얼음이 사라질 가능성 연도를 2030년으로 예측했지만, 그 시기가 더욱 앞당겨질 것이라고 보도하기도 하였다. 또한 미국 정부기관이 온난화를 막기 위한 과감한 행동을 하지 않으면 북극곰의 멸종은 피할 수 없을 것이라 경고하고 나섰다.

미국 내무부 산하 어류야생동식물보호국FWS 또한 "북극곰 개체 수 회복을 위해서는 북극 온난화 대응에 대한 과감한 행동이 필요하다"는 보고서를 발표하였다. 이 보고서는 "바다 얼음이 줄어들고 있는 주된 원인에 효과적으로 대응하는 행동이 없으면 북극곰이 복원될 공산이 낮다"고 평가했다.

전 세계 북극곰 개체 수는 2만~2만 5,000마리로 추정되며 미국 알래스카, 러시아, 캐나다, 덴마크, 그린란드, 노르웨이에 주로 서식한다. 미국은 정부 간 합동연구로 21세기 말까지 북극곰 수에 관해 온실가스 배출이 안정화되는 경우와 줄어들지 않고 계속되는 경우의 두 가지 시나리오를 만들었는데, 그 결과 양쪽 시나리오 모두에서 세계 북극곰 개체 수의 3분의 1을 차지하는 미국 알래스카, 러시아, 노르웨이의 북극곰 집단이 먼저 위협을 받는 것으로 드러났다. 이곳의 북극곰들은 2025년부터 북극해의 얼음이 급격히 줄어들면서 멸종 위기에 몰리는 것으로 나타

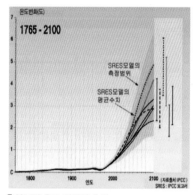

▌연도별 온도 변화의 추이

났다. 캐나다와 덴마크 그린란드에 서식하는 나머지 북극곰들은 2050년부터 영향을 받을 것으로 예측됐다. 원래 대부분의 학자들이 예측했던 북극 빙하의 완전소멸은 빠르면 2070년 이후 발생하리라는 것이었다. 북극 빙하가 녹으면 지구의 환경이 어떻게 극적으로 변할 것인지는 상상만 해도 끔찍하다. 이와 동일한 현상은 지구온난화가 정점을 넘어 악순환을 통해 가속도가 붙었음을 나타낸다. 악순환은 온난화의 속도를 무섭게 가속시킨다. 만일 이대로 계속 온실가스를 배출한다면 지구온난화는 곧 온난화가스를 전혀 사용하지 않아도 진행이 될 것이다. 그리고 한 가지 우려할 점은 이것이 메탄에 의한 급속 온난화로 이어질 가능성이 크다는 것이다. 북극 바다 밑에는 대규모의 얼음 형태의 메탄가스층이 있는데 빙하의 소멸로 인한 수온 상승은 얼음 형태의 메탄가스를 트림케 하고 대기 중에 이산화탄소와 메탄을 배출시킨다. 그 메탄의 트림이 다시 온도상승을 야기하며 메탄가스 방출을 재촉하는 악순환이 급속 온난화로 연결되는 것이다. 이는 예민한 환경보호주의자들이 만든 종말론적인 환상이 아니라 현실이 될 수 있는 문제다.

사람들이 애완동물을 가족과 같이 사랑하면서 자신이 즐기는 고기가 동물들의 희생과 시체임을 애써 외면하듯 과학자들도 독립적인 하나의 원인에 집착하는 경향이 종종 있다. 이산화탄소는 장기적 감축 계획이 반드시 필요하다. IPCC 4차 보고서에 의하면 인류가 화석연료를 지속적으로 소비하여 현재의 추세가 지속된다면 2100년경까지 산

업혁명 이전의 지구 온
도에 비해 2.4도~6.4도
정도 상승할 것이라고
예측하고 있다. 당장
2000년 수준으로 온실

■IPCC 보고서 주요 내용

▶ **2100년까지 지구 표면 온도 섭씨 1.1~6.4도 상승**

▶ **2100년까지 해수면 높이 18~59㎝ 상승**

▶ **지구온난화가 카트리나 같은 대형 허리케인과 사이클론 발생**

▶ **지구온난화가 인류의 책임일 가능성 90% 이상 (01년에는 66%)**

| IPCC 4차 보고서의 주요내용

기체 방출을 동결해도 매 십 년마다 0.1도의 기온상승이 계속될 수밖에 없다. 따라서 지구온난화는 피할 수 없는 우리의 운명인 셈이다. 왜냐하면 이산화탄소는 배출되면 지구상에 100년을 머물기 때문이다. 이산화탄소 농도증가로 인해 기후변화가 심각하게 발생한 후 대처하면 이미 그것은 늦은 일이다. 불이 타올라 모든 것을 태우기 전에 무엇인가를 우리는 준비하고 행동해야 한다. 전문가들은 2도만 상승해도 '온난화 지옥'이라는 용어를 쓰는데 주저함이 없다. 향후 1~2년 안에 장기적이고 체계적인 감축전략을 수립하지 않는다면 지구의 평균상승 온도를 최대 2도 내에서 억제시키고자 하는 IPCC의 목표달성은 힘들어질 것이다.

그런데 우리가 간과해서는 안 될 다른 측면이 있다. 1960년부터 이산화탄소는 급속하게 증가를 보이고 1970년부터 지구의 온도는 상승하기 시작했다. 그리고 인간 활동이 다른 모든 온실가스들을 합친 것보다 훨씬 방대한 양의 이산화탄소를 만들어 냈다. 사람들은 이러한 이유로 이산화탄소가 온도상승의 전부라고 생각한다. 그러나 이산화탄소

만이 지구온난화의 대부분을 초래하는 원인은 아니다. 이산화탄소에만 유독 집중하는 것은 다소 잘못된 생각을 야기할 수 있다.

자타가 공인하는 지구온난화의 최고전문가이자 NASA 고다드 연구소의 소장인 제임스 핸슨 박사는 최근 10년간 온도상승은 이산화탄소가 아닌 비이산화탄소 온실가스에 기인한다고 주장했다. 그의 주장에 의하면 다른 많은 온실가스들이 이산화탄소보다 훨씬 강력하게 열을 가두며, 그 중 어떤 것은 수만 배나 더 강력하다. 만일 산업혁명 이래로 이산화탄소가 인간이 내뿜은 온실가스의 절반을 차지한다면 메탄이나 아산화질소는 3분의 1을 차지한다고 할 수 있다. 그중에 주목할 것이 메탄인데 메탄은 이산화탄소에 비해 23배나 강력한 온실가스다.

통계를 보면 산업혁명 이후 농도증가율이 이산화탄소는 35%인 반면에 메탄은 300%에 육박한다. 자연배출 대비 인간이 원인이 된 배출이 이산화탄소는 3%인 반면 메탄은 150%이고 그것의 배출원인 자동차와 발전소는 교체회전율이 10년인 반면 메탄의 배출원인 축산의 소와 돼지는 대략 1~2년이다. 인간이 원인이 돼서 배출되는 온실가스의 절반 이상이 메탄이고 메탄은 대략 대기 중에 8년 머문다. 이 같은 수치는 메탄의 감축은 빠르게 지구온도를 냉각시킬 수 있는 이로운 점이 있다는 것이며 장기적 이산화탄소 감축전략과 함께 단기적 메탄 감축전략을 병행할 때 비로소 지구온난화에 효과적으로 대처할 수 있다.

존 아체슨John Atcheson 등과 같은 현실적인 과학자들이 이 문제를 째

깍거리는 시한폭탄에 비유하며 강력히 제기하고 있다. 그리고 관측 방법이나 지질학적 증거들이 너무나 구체적이고 설득력이 있어 그 가능성을 결코 간과할 수 없다는 데 심각성이 있다. 지구의 역사에 두 차례 이런 메탄에 의한 급속온난화가 있었다. 한번은 공룡을 포함한 지구생명체의 95% 대량멸종을 야기했고, 10만 년 이상 기후를 혼란에 빠뜨렸다. 어쨌든 전문가들은 2013년이나 2050년이 아니라 지금 행동하지 않으면 너무 늦고 향후 1~2년의 인류의 신속한 행동전환이 아니면 되돌릴 수 없는 지점을 건널 것이라 강력히 경고한다. 다시 말해 지금 우리의 행동이 지구의 미래를 결정한다. 다음 아래의 글은 존 아체슨이 워싱턴 포스트, 볼티모어 선, 산호세 머큐리 뉴스, 멤피스 커머셜 어필 등의 신문[10]에 발표한 글 〈Hotter, Faster, Worser〉의 번역문이다. 독자들께서도 한 번 차분히 읽어보기를 권한다.

Hotter, Faster, Worser

급속한 온난화로 상황이 악화되고 있다

- 존 아체슨

보통 차분한 자세를 취하던 과학계가 여러 달 전부터는 지구온난화에 대해서 공포라는 분명한 목소리를 내고 있다. 기후과학의 '불확실성'으로 여겨졌던 지구온난화가 어떻게 침착한 과학자들이 발작에 가까운 경고를 발하는 대상이 되었을까?

이유는 두 가지다.

첫째, 지난 10년 이상 과학계에 실제로 불확실성은 없었기 때문이다. 화석 연료에 관련된 주요 기업들과 보수 정치인들은 부도덕하게 연합하여 과학계 대부분이 동감하는 의견에 대해 의문과 논란을 만들기 위한 자금력을 이용하여 정교하고 잘 만들어진 잘못된 정보를 퍼뜨려왔다. 여기에서 진실보다는 논쟁을 좋아하는 언론과 부시 행정부는 위의 세력들을 지지하면서 조직적으로 과학을 왜곡하고 지구온난화에 대한 진실의 목소리를 내려는 정부 과학자들을 침묵시키고 위협해왔다.

둘째, 인간의 활동으로 야기되는 기후변화의 비율과 범위를 크게 증폭시키는 몇몇 증폭 순환 고리들을 과학계가 적절히 예측하고 모형화시키지 못했기 때문이다. 지구온난화의 경우, 증폭 순환 고리는 매우 부정적인 결과를 낳을 수 있다. 분명한 사실은 온난화 현상을 되돌릴 수 없게 하는 몇몇 위험한 정점을 향해 가거나 이미 그러한 정점(정상적 상태에서 균형이 깨져 걷잡을 수 없는 상태로 진행되는 지점)들을 지났을지도 모른다는 점이다.

필자는 2004년 12월 15일, 일간지 볼티모어 선의 사설을 통해 그러한 정점을 설명했다. 강력한 온실가스인GHG인 메탄이 기온상승으로, 얼음 같은 결정구조를 가진 포접화합물로부터 대기로 방출되면서 대기 온도가 더 상승하고, 이는 더 많은 메탄 방출을 야기한다는 것이 증폭 순환 고리였다.

이러한 원리에 근거한 최소 두 차례의 극한적 온난화가 지질학사에서 일어난 명백한 증거가 있지만 과학계는 2004년에만 해도 '메탄 얼음'에 주목하지 않았다. 또한 거기에 주목했던 소수 염세주의 과학자들까지도 그러한 일이 10년 후에나 발생하리라 믿었고, 아니 그러길 바랐다. 그것은 틀린 생각이었다. 2005년 8월 옥스퍼드 대학과 러시아 톰스크 대학의 과학자들은 독일과 프랑스를 합친 면적에 해당되는 광활한 시베리아 토탄지대가 녹으면서 수십억 톤의 메탄이 방출된다고 발표했다.

과거 이런 온도의 급상승 순환 고리를 유발했던 때는 5천5백만 년 전의 '팔레오세-에오세 최고온도기PETM'라고 불리는 시기였다. 이 시기에는 많은 화산폭발로 인해 증가한 온실가스가 자가 증폭적인 메탄 분출을 촉발시켰다. 그 결과 온난화로 대규모 멸종 사태가 발생했고 지구는 이를 회복하는 데 10만 년 이상이 걸렸다.

그런데 오늘날은 훨씬 더 심각한 사태가 발생할 시점에 있는 것으로 보인다. 최근 세인트루이스에서 개최된 미국 과학진보협회 모임에서 '팔레오세-에오세 최대 온도기PETM'에 관한 최고 권위자인 제임스 재코스는 현재 온실가스가 그 시기보다 30배나 빠른 속도로 대기에 쌓이고 있다고 한다. 우리는 지상에서의 돌이킬 수 없는 지옥 여행이 될 수 있는 첫 사태를 막 본 것일지도 모른다.

예측하지 못한 또 다른 증폭 순환 고리들이 있다. 이를테면 2003년 유럽에서는 3만5천 명의 인명을 앗아갔던 폭염으로 숲이 파괴되면서 숲이 함유하던 양보다 더 많은 이산화탄소(주 온실가스)가 방출되었다. 이는 숲이 잉여 이산화탄소를 흡수하는 스펀지 역할을 한다는, 기존 예측 모형의 설정 조건과는 정반대다. 같은 현상이 탄산가스를 줄여준다고 여겼던 다른 여러 생태계에서도 일어나고 있다.

아마존 열대우림과 아한대 산림(지구상에서 탄산가스를 가장 많이 흡수하는 지역), 온대지역의 표토에서는 지구온난화로 인한 가뭄과 질병, 해충 활동과 신진대사의 변화로 흡수량보다 많은 탄산가스가 배출되고 있다. 한마디로 탄산가스를 흡수하는 스펀지라고 여겨졌던 많은 지역이 더 이상 잉여 온실가스를 흡수하지 않는다. 이제 그런 지역은 스펀지를 짜듯 잉여 온실가스를 방출하고 있다.

극지방 빙원도 예측 속도보다 훨씬 빠르게 녹으면서 증폭 순환 고리를 촉발하고 있다. 얼음지대의 감소는 수면 증가를 의미하며, 이로 인해 더 많은 열이 흡수되어 얼음이 더 녹게 되는 순환이 이루어진다. 또 설상가상으로 대륙빙하가 녹는 속도도 너무 과소평가해왔다.

기후변화 모형에서 그린란드의 얼음층이 다 녹는 데는 1,000년 이상 걸릴 것이라고 예측했다. 그러나 세인트루이스에서 열렸던 미국 과학진보학회에서 나사NASA의 에릭 리그노트는 자신의 연구 결과, 그린란드의 얼음은 이미 녹아 갈라지면서 어떠한 과학자의 예측보다도 빠른 속도로 바다에 흘러들어 가고 있으며, 해마다 그 속도는 증가할 것이라고 밝혔다.

그린란드의 얼음이 다 녹을 경우에는 해수면이 6.3m 상승하게 될 것이며, 그렇다면 미국의 항구 도시 대부분은 수면에 잠길 것이다. 남극에서도 잠재적인 파국을 지닌 증폭 순환 고리가 발생하고 있다. 해수면 얼음이 감소하면서 크릴새우의 개체 수가 80%나 감소하였다. 크릴새우는 해양의 먹이

▌존 아체슨John Atcheson

사슬에서 가장 중요한 종으로 대기에서 엄청난 양의 탄산가스를 흡수한다. 그러나 아무도 그들의 대규모 감소를 예측하지 못했다. 지구온난화와 바다생태계의 결합은 절망적이다. 이것 역시 순환 반응을 일으켜 새우의 감소로 대기 중 탄산가스는 증가하고 해수온도는 상승하게 되어 얼음은 감소하고 다시 새우가 감소하는 악순환의 고리가 이어진다.

저명한 행성과학자 제임스 러브록James Lovelock은 머지않은 미래에 인간들은 남극에서 비교적 적은 서식지에만 국한될 것이라고 본다. 그를 멸망에 집착하는 음울한 미치광이로 내치는 게 마음이 편할 것이다. 그러나 그건 실수가 될 것이다.

1년이 조금 넘었을까, 영국 엑세터에서 열린 '기후변화 위기방지 세계회의'에서 과학자들은 대기 중에 440ppm을 초과하는 온실가스 배출을 허용한다면 돌이킬 수 없는 심각한 결과를 야기할 수 있다고 경고했다. 2005년, 그 양을 넘어섰지만 거의 주목을 받지 못했다. 지구온난화에 대한 불확실성은 온난화가 일어날 것인지, 그것이 인간의 활동에

의한 것인지, 아니면 이제 그에 대한 대가를 단단히 치러야 하는지 어떤지에 있지 않다. 그 논란은 모두 종식됐다.

이제 과학자들은 이 행성의 파괴를 막기에 너무 늦었는지 또는 온난화로 인한 최악의 결과를 방지할 자그마한 탈출구가 있는지를 논하고 있다. 아이들은 우리가 그들에게 지운 빚에 대해 용서할지 모른다. 테러가 계속되고, 평화를 추구하는 대신 전쟁을 일으켜도, 심지어 핵무기라는 요괴를 병 속에 집어넣을 기회를 놓친다 해도 우리를 용서할지 모른다. 그러나 막을 수 있었는데도 그러지 못하고 목숨만 겨우 부지할 수 있는 세상을 물려준다면 아이들은 우리의 시신에 침을 뱉고 우리의 이름을 저주할 것이다. 그래도 우리는 할 말이 없을 것이다.

기후환경변화에 관한 문제는 국경 없는 전 세계의 공통 문제이기 때문에 여러 나라가 국제협약을 체결하였다. 먼저 온난화로 인한 지구 환경변화의 위협을 최소화하기 위한 선언적 환경협약인 기후변화협약 UNFCCC이 있다. 또한 법적 구속력을 갖는 국제협약이며 시장경제원리에 입각한 새로운 온실가스 감축수단인 교토의정서kyoto protocol가 있다. 우리가 생활 속에서 기후변화 방지를 위해 할 수 있는 일은 다음의 10가지가 대표적이다.

1. 실내온도 적정하게 유지하기!
겨울철 난방온도 20℃ 이하, 여름철 실내온도 26~28℃ 유지하기.
2. 친환경제품 선택하기!
친환경 마크가 있는 물품 구입하기, 에너지소비효율 높은 가전제품 선택하기.
3. 재활용품 사용하기!
4. 물 아껴쓰기!
양치질, 세수할 때 물을 받아 쓰면 연간 17kg의 CO_2 감축, 샤워시간 5분 줄이면 연간 9,500리터 물 절약.
5. 쓰레기 줄이고 재활용하기!
쓰레기 10% 줄이면 연간 18kg의 CO_2 감축.
6. 전기제품 올바르게 사용하기!
집안 플러그 반만 뽑아도 연간 78kg의 CO_2 감소, 엘리베이터보다 계단 이용하기.
7. 올바른 운전 습관 유지!
차 안에 불필요한 짐 싣지 않기, 출발 전에 행선지 미리 파악, 급출발·급제동은 NO, 경제속도로 운전하면 연간 98kg의 CO_2 감축.
8. 승용차 사용 줄이고 대중교통 이용하기!
B(버스)·M(지하철)·W(걷기) 건강법.
9. 나무 심고 가꾸기!
소나무 한 그루가 연간 12kg의 CO_2 흡수.
10. 유기농제품과 제철식품 먹기!

기후변화와 우리나라의 현실

우리가 기후변화를 이해하기 위해서는 우선 수자원, 생태계, 농업, 연안 및 해양, 산업, 보건 분야를 중심으로 고찰해야만 한다. 국내 기후변화에 영향을 미치는 요소로는 기온, 강수량, 습도, 증발산량, 일조시간, 풍향, 풍속 등 다양한 것들이 있지만, 그 중에서도 온도와 강수량이 자연 및 인간계에서 발생하는 기후현상을 잘 설명하는 기후요소다. 또한 도시화나 CO_2, 농도의 변화, 지형적 특성과 같은 비기후적인 요인들에 의해서도 변화가 관찰된다.

한반도에서 최근 관측된 기후변화의 경향을 살펴보면, 1981~2010년 동안 0.41°C/10년, 그리고 2001~2010년 기간 동안 0.5°C/10년의 변화율을 보였다. 과거 1954~1999년 동안 +0.23°C/10년의 변화율보다 큰 변동을 보이는 것으로 나타났다. 그리고 한반도 지역의 연평균 강수량은 수십 년 주기의 큰 변동 폭을 보이나 장기적으로 증가추세다. 특히 지난 10년(2001~2010) 평균 연 강수량은 1,412mm로 지난 30년 평균 연 강수량 약 1,315mm에 비하여 대략 7.4%가 증가했으며, 최근 10년 우리나라의 연 강수량의 증가는 여름철 증가가 가장 큰 부분을 차지한다. 또한 호우일수(일강수량 80mm 이상)는 지난 10년간 28일로 종전 20일보다 증가한 것으로 나타났다.

우리나라도 국무조정실과 기상청은 농림축산식품부, 산업통상자원부, 환경부, 국토교통부 등 관계부처와 합동으로 2013년에 발생한 이상기후 현상, 이상기후로 인한 농업, 국토교통 등 분야별 영향과 대응 그리고 향후 계획 등을 내용으로 하는 『2013년 이상기후 보고서』를 2014년에 발간하였다.

보고서에 따르면, 2013년 한 해 동안 한파와 폭염, 장마, 가뭄 등 이상기후가 빈번하게 발생했다. 1월 상순에는 전국 평균 최저기온은 -11.1℃로 평년보다 5.8℃ 낮아 1973년 이후 가장 낮은 최저 1위를 기록하였으며, 여름철 남부지방과 제주도의 열대야일수는 각각 18.7

일과 52.5일로 1973년 이후 가장 많았다. 장마전선이 주로 북한과 중부지방에 위치하여 중부지방은 1973년 이후 가장 긴 49일의 장마기간 동안 526.5㎜(평년 366.4㎜)의 많은 비가 내렸다.

이와 같은 이상기후로 인해 농업, 국토교통, 방재, 산림, 건강 등 분야에서 큰 인명 및 재산 피해가 발생했는데, 폭염으로 인한 온열질환자는 1,195명이 발생하여 14명이 사망했고 705호 농가에 가축 200여만 마리가 폐사되었다. 1998년 이후 15년 만에 우리나라에 영향을 준 10월 태풍으로 기록된 제24호 태풍 다나스 등 집중호우에 의해 1,566억 원의 시설피해가 발생했다.

2013년 주요 이상기후 현황으로는 우선 한파를 제시할 수 있다. 1월 상순 전국평균 기온은 -5.8℃로 평년(-0.7℃)보다 5.1℃ 낮았으며 이것은 1973년 이후 1월 상순 평균기온 최저 2위를 기록(최저 1위: 1986년 -6.0℃)한 것이다. 또한 1월 상순 전국평균 최저기온은 -11.1℃로 평년(-5.3℃)보다 5.8℃ 낮았고 이것은 1973년 이후 1월 상순 평균최저기온 최저 1위를 기록한 것이다. 또한 2월 6~20일 평균기온은 -4.0℃로 평년(0.3℃)보다 4.3℃ 낮았다. 그리고 6월에는 이동성고기압, 7월과 8월에는 덥고 습한 북태평양 고기압의 영향을 받아 고온현상이 장기간 지속되었다.

그리고 7월 상순 후반부터 8월 상순까지 북태평양고기압의 영향으로 무더운 날씨 지속, 전국에 폭염과 열대야 현상이 자주 발생하였다. 특히 여름철 남부지방과 제주도의 열대야일수는 각각 18.7일과 52.5일로 1973년 이후 가장 많았다고 할 수 있다. 장마전선 역시 주로 북한과 중부지방에 위치하여 중부지방에는 많은 비가 내렸으나, 남부지방과 제주도에는 비가 거의 내리지 않아 강수량의 남북편차가 매우 컸다. 중부지방, 남부지방의 장마기간은 각각 49일, 46일로 1973년 이후 최고 1위를 기록하였다. 제24호 태풍 다나스DANAS는 10월 8일에 대한해협을 통과하면서 제주도와 경상도지방에 강한 바람과 함께 많은 비를 내렸으며, 1998년 이후 15년 만에 우리나라에 영향을 준 10월 태풍이 되었다.

이러한 이상기후의 원인이 바로 지구온난화다. 지난 133년간 (1880~2012년) 지구 평균기온은 0.85℃ 상승하였으며, 전 지구 평균기온의 증가 추세는 지속되고 있다.[11] 이상기후의 두 번째 주범은 북극해빙면적의 감소다. 연중 최소면적이 나타나는 9월의 해빙면적은 점차 감소하는 경향을 보이고 있으며, 2012년에 북극해빙의 면적은 역대 최소 면적을 기록하고 있다. 북극의 이상고온으로 인한 북반구 지역의 겨울철 한파는 당분간 지속화 될 것이다. 이것은 북극의 평균기온이 평년보다 높은 이상고온 현상이 오랫동안 지속되었으며, 이로 인해 북극에 있는 찬 공기를 차단시켜주는 역할을 하는 제트기류라는 강풍대가 느슨해지고, 그에 따라 북극에 차단되어있던 찬 공기가 중위도까지 내려오면서 북반구 지역에 한파와 대설이 나타나기 때문이다. 반면에 뉴시스의 2015년 2월 27일 자 기사에 따르면, 지구온난화 등 기후변화의 영향으로 서울 도심의 폭염 사망자가 20년 후에는 현재보다 2배 이상 증가한다는 연구 결과가 나왔다고 보도하고 있다.

환경부와 기상청은 우리나라에 대한 기후변화의 과학적 근거, 영향, 적응 등과 관련한 연구결과를 정리한 '한국 기후변화 평가보고서 2014'를 발간했다.

이 보고서에 따르면 폭염에 의한 서울 지역의 사망자도 현재 대비 (2001~2010) 미래(2036~2040)에 인구 10만 명당 0.7명에서 1.5명으로

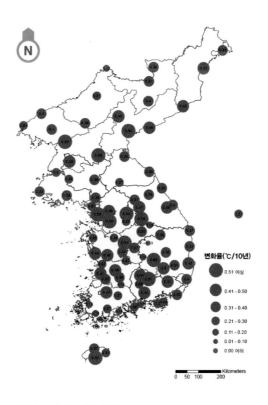

| 한반도 연평균 기온변화(출처: 한국 기후변화 평가보고서 2014)

약 2배 이상 증가할 것으로 추산됐다. 연구진은 지난해 발표된 기후변화에 관한 정부 간 협의체IPCC 5차 보고서 전망결과를 활용해 추정했다. 또한 기온 상승과 더불어 해수면의 상승도 두드러졌다. 우리나라 주변 해양에서의 수온과 해수면 상승률을 분석한 결과 전지구 평균인 0.85도, 1.4㎜/년보다 약 2~3배 높은 것으로 관측됐다. 부산(해운대구) 지역의 경우 해수면이 1m 상승한다고 가정하면 이로 인한 경제적 손실액은 3,963억 원으로 추정됐다. 아울러 기후변화로 인해 홍수와 가뭄이 빈번해지고 특히 가뭄은 봄철과 겨울철에 심화될 것으로 전망됐다.

지역별로 보면 이러한 영향은 도시지역이 비도시지역에 비해 상대적으로 더 취약했으며, 저소득계층이 밀집한 지역에서 그 피해가 증가할 것으로 분석됐다. 또한 그 보고서는 "기후변화에 대한 적응능력을 높이기 위해서는 지역별 영향 및 취약성 평가를 바탕으로 한 정책과 제도 마련이 필요하다"며 정부의 적극적인 지원과 각 분야별 협력방안을 제시했다.

당시 정은해 환경부 기후변화협력과 과장은 "인위적 온실가스 배출을 줄이더라도 누적된 온실가스의 영향으로 우리나라 기후변화의 부정적 영향은 지속될 전망"이라며 "피해를 최소화하기 위해 지역별 특성을 고려한 이행 가능한 적응 실천계획 수립이 필요하다"고 말했다. 또한 다른 보고서에 의하면 2090년 한국에서 사과나무·소나무를 보기가 힘들어질 것이며, 겨울·봄마다 가뭄에 시달리고, 여름엔 홍수와 폭염이 반복된다. 환경부와 기상청이 발표한 '한국 기후변화 평가보고서 2014'에 담긴 이 땅의 미래상이다. 보고서에 따르면 1954~99년 사이에는 10년마다 연평균 기온이 0.23도씩 올랐지만, 2001~2010년 사이에는 0.5도 증가했다. 이는 온난화가 가파르게 진행되고 있다는 의미다.

사과는 현재 남한 전체의 47% 지역에서 재배 가능하지만 2090년대에는 강원도 고산지역 등 국토의 1%에서만 재배할 수 있을 것으로 예측됐다. 한지성 마늘도 2090년대에는 백두대간 고산지역에서만 명맥을 이어가게 될 것이다.

기후변화와 국제정치

이렇게 기후변화와 그에 대한 대응을 위한 노력의 주체로서 환경의 국제정치가 과연 이러한 도전에 잘 대응하고 있는지가 의문이다. 왜냐하면 지금의 환경 국제정치는 다음과 같은 난점을 가지고 있기 때문이다.

첫째, 원칙적으로 기후변화의 원인으로 지목되고 있는 온실가스 배출을 감축해야 한다는 데에는 대부분의 국가들이 동의하고 있지만 이것은 곧 개별 국가들의 경제성장에 심대한 지장을 초래할 수 있는 사안이기에 누가 얼마나 부담을 질 것이냐는 질문에는 아직도 해결 답변이 없다. 그리고 보편적 위협에 대한 대응의 필요성과 자국의 중심적 이익 다툼이 모순적으로 연결되고 있는 영역이 바로 기후변화 국제정치의 장이기 때문에 국제정치적으로 환경문제나 기후변화를 해결해야 한다는 데에는 별다른 이견이 없지만 이 역시 한계가 있다.

둘째, 기후변화로 야기되는 문제는 '전 지구적' 범위에서 발생하기 때문에 그에 대한 해결책을 강구하기 위해서는 전 지구적 노력이 요구되는 것이 사실이지만, 지구온난화로 인하여 대기 온도가 상승함으로써 야기된 기후변화가 지역별로 미치는 영향과 재해는 상이하기 때문에 각 지역별로 대응체제가 차별화되어 나타날 수 있다. 기후변화는 단순한 기온과 해수면 상승뿐만이 아니라, 여기에 지역별로 상이한 다양한 피드백에 의해 홍수, 기근, 태풍 등의 다양한 재앙을 불러일으킬 수 있다.[12] 따라서 지역별 해법의 상대성과 차별성을 인정하면 그 우선순위가 다르게 나타날 수도 있다.

셋째, 이러한 기후변화의 영향이 가져올 피해는 각 국가 및 사회가 그에 대하여 얼마나 잘 적응할 수 있는지에 따라 다르게 나타날 수 있기 때문이다. 이러한 적응 능력은 자원에 대한 의존도가 높고 경제력이 낮은 후진국이 더 작을 것이기에, 이들이 기후변화에 대해 훨씬 높은 취약성을 가지게 될 것이다. 이것은 기후변화가 국가별 수준에서 나타나는 부와 경제력 불평등의 문제를 한층 복잡하게 만들 수 있음을 의미한다. 이런 성격은 환경의 국제정치에서 선진국과 개도국 및 저개발국 사이의 이견 및 대립전선을 형성하는 주된 요인이 된다.

넷째, 기후변화에 대한 책임을 묻는 많은 연구들이 각 국가별 온실가스 배출과 책임에 대한 연구를 진행해 왔는데, 흥미로운 점은 계급과 자본에 따른 배출 정도의 차이가 크다는 것이다. 예를 들면 선진국의 상위 10% 인구가 하위 10% 인구보다 7.5배, 개도국의 하위 10% 인구보다 155배 더 많은 온실가스를 배출하고 있으며, 부유한 계층보다 가난한 계층이 기후변화의 부정적 영향에 대한 취약성이 훨씬 높다. 따라서 기후변화 및 환경의 국제정치는 이미 존재하고 있는 지구상의 불평등을 놓고 벌어지는 '지구적 정의global justice'의 문제와도 연관이 된다.[13]

결국 기후변화는 지구, 지역, 선·후진국, 계층 등의 논점을 포괄하는 다층적이며 복합적인 공간정치학spatial politics의 문제를 야기하고 복잡 다층적인 대응을 요구하고 있다. 따라서 기후변화라는 도전에 대한 대응은 개별 국가 차원에서만 진행될 것이 아니라 국제적 및 지구적 노력이 동시에 수반되어야 하는 성격을 지닌다.

기후변화의 원인들

과학자들은 실험실에서 단순화된 환경 하에 실험을 하여 주어진 가설을 증명한다. 그러나 기후변화를 연구하는 과학자들은 기후변화가 일어나고 있는 지구를 대상으로 실험할 수 없다는 제약이 있다. 천문학자들이 별의 기원을 실험할 수 없는 것과 비슷하다. 그러므로 기후변화를 탐지하고, 원인을 규명하고, 메커니즘을 분석하기 위해서는 지구의 기후시스템에서 일어나는 현상들을 관측하는 것이 중요한데 이는 물리학자나 화학자들이 실험하여 자료를 얻는 것과 마찬가지로, 이론 정립을 위한 첫 번째 단계다. 장기간 축적된 관측 자료는 기후변화과학의 기본적인 가설을 증명하고, 이론을 정립하여, 모델을 개발함으로써 미래를 예측할 수 있는 기반을 구축하기 위해서 이용되고 있다.

지구 에너지 수지를 변경시키는 자연적 또는 인위적으로 발생하는 물질 및 과정이 기후변화의 원인이다. 복사강제력은 달리 표시하지 않는 한, 이들 원인의 변화로 초래된 에너지 플럭스의 변화를 정량화한 것으로 1750년을 기준으로 2011년의 변화량으로 표시하였다. 복사강제력이 양수이면 지표 온난화가 진행되고, 음수이면 지표 냉각화가 진행된다. 복사강제력은 지표 및 원격관측값, 온실가스 및 에어로졸의 특성, 관측된 과정을 모의하는 수치모델이 산출한 모델 값 등을 기반으로 추정된다. 일부 배출 화합물은 다른 물질의 대기농도에 영향을 미친다.

복사강제력은 각 물질의 농도변화에 근거하여 제시한다. 또는 인류활동과의 직접적인 연관을 나타내는 화합물의 배출량 기반 복사강제력을 제시한다. 배출에 의해서 영향을 받는 모든 물질은 배출량 기반의 복사강제력에 기여한다. 모든 원인을 고려한다면, 두 접근법의 인위적 총 복사강제력은 일치한다. 총 복사강제력은 양의 값이며, 결과적으로 기후 시스템이 에너지를 흡수하게 된다. 1750년 이후 대기 중 CO_2 농도의 증가가 총 복사강제력에 가장 큰 기여를 했다. 따라서 구름과 에어로졸은 기후변화 예측에 있어 가장 큰 불확실성의 원인 중 하나로 지목되고 있다.

지구의 기후시스템은 대기권, 수권(해양·육지의 물), 빙권(눈·얼음), 지권 및 생물권으로 구성된다. 기후시스템은 구성 요소들 간의 다양한 물리과정, 상호작용, 에너지, 물 및 물질 순환을 통해 매우 복잡한 시스템을 이루고 있다. 기후시스템 내에서는 육지-대기, 토양-생태계, 대기-생태계, 얼음-해양 결합, 대기-얼음, 열교환, 바람응력, 강수-증발 등과 같은 기후과정들이 발생하고 있으며, 인위적인 영향도 지속적으로 작용하고 있다. 또한 기후시스템은 앞에서 설명한 것과 같이 비선형성에 의해 카오스적인 특성을 가지고 있다. 기후변화과학은 이러한 기후시스템에서 일어나는 변화를 이해하고, 예측하고, 영향을 평가하는 학문으로 학제적인 특성을 지닌다.

기후는 일정 기간(수개월~수십 년)에 발생한 기온, 강수, 바람의 평균과 변동성으로 정의되며, 기후시스템 내부역학과 외부인자(강제력)의 변화에 의해 영향을 받는다. 수십억 년 지구의 역사 속에서 기후는 지속적으로 변화해 왔다. 지구의 기후를 변화시키는 주요 원인인 외부강제력으로는 태양에너지의 변화, 화산폭발, 대기 구성성분의 변화 등이 있다.

기후를 결정하는 가장 중요한 외부 요인이 바로 태양의 복사에너지다. 태양에너지는 흑점과 같은 태양 활동의 변화 또는 지구의 공전궤도의 변화에 의해 영향을 받는다. 대기의 상부에서 태양에너지는 약 1,370W/m2인데 지구 전체에 대하여 평균을 취하면 약 342W/m2가 된다. 들어온 태양에너지의 약 30%는 우주로 반사되고 나머지(약 240W/m2)는 기후시스템에 의해 흡수되어 지구의 기후를 유지한다. 반사율은 지표의 특성, 구름 분포, 식생, 에어로졸 분포 등에 의해 달라질 수 있다. 흡수된 에너지는 장파(주로 적외선 파장)복사의 형태로 우주 공간으로 방출되는데, 방출되는 에너지의 총량은 흡수된 에너지의 총량과 균형을 이룬다. 지구 공전궤도가 변하게 되면 지구에 도달하는 에너지양이 달라져서 기후가 변하게 되는데(밀란코비치 이론), 과거 빙하시대가 10만 년 주기로 반복된 것은 이에 의한 것이다.

지표에서 방출되는 적외선 복사는 약 -19℃의 물체에서 방출하는 에너지와 같다. 그러나 지표의 평균기온은 약 14℃로 33℃ 정도 높은 온도를 유지하고 있다. 지표가 이렇게 따뜻한 이유는 대기의 온실효과 때문이다. 온실효과는 지표에서 방출하는 적외선 복사를 대기 중에서 흡수하여 재방출함으로써 지표 부근에 열이 축적되어 온도가 올라가게

하는 역할을 한다. 가장 중요한 온실가스는 수증기와 이산화탄소며, 구름도 중요한 온실효과를 발휘한다. 인간은 산업혁명 이후 화석연료의 연소, 삼림 벌목 등을 통하여 대기 중의 이산화탄소 농도가 약 36% 증가하는데 기여했으며, 이는 온실효과의 증가를 초래했다. 온실효과는 1824년 푸리에(Joseph Fourier)에 의해 최초로 발견되었으며, 1896년 아레니우스(Svante Arrhenius)는 이를 정량적으로 조사하였다. 최근에는 산업혁명 이후 급속하게 증가된 에너지 수요를 충족시키기 위해서 석탄, 석유와 같은 화석연료가 연소되어 발생한 이산화탄소 등 온실가스 증가[14]로 인한 대기 구성성분의 변화가 기후변화(지구온난화)의 주요한 원인이 되고 있다.

이와 반대로 대기오염물질인 에어로졸은 대기 중에서 태양에너지를 반사할 뿐만 아니라 구름 형성을 증가시켜 기후를 냉각시키는 역할을 한다. 에어로졸의 역할에 대한 이해는 온실가스에 비하여 불확실성이 크다.

이러한 강제력의 변화는 기후변화를 일으키는 원인이 되지만, 기후시스템에는 강제력 변화의 효과를 강화(양의 피드백) 또는 약화(음의 피드백)할 수 있는 피드백 메커니즘들이 있다. 예를 들면, 기온이 높아지면 눈과 빙하가 녹으면서 육지와 수면이 넓어지고, 이에 따라 태양에너지가 더 많이 흡수되어 기온이 더 높아지는 얼음-반사율 피드백(Ice-albedo feedback)이 있다. 그러므로 기후시스템 내의 다양한 피드백을 정확하게 이해하는 것은 기후변화를 이해하는 데 매우 중요하다.

화산이 폭발하면 대기 중에 많은 양의 화산재를 분출하여 태양에 너지의 반사율이 높아진다. 미세한 화산재는 성층권까지 올라가서 2~3년간 잔류하는데, 이 기간에는 대류권의 기온이 낮아진다. 역사적으로 1815년 인도네시아의 탐보라 화산 폭발로 유럽과 북아메리카에서는 1816년 '여름이 없던 해'로 기록되었으며, 최근에는 1991년 필리핀의 피나투보 화산 폭발 이후 온난화 추세가 약화된 사례가 있다.

우리 지구의 대기는 거의 질소와 산소로 이루어져 있는데 나머지 1%의 기체들이 지구를 감싸준다. 이 감싸주는 기체에는 이산화탄소, 메탄, 수증기가 있는데 이러한 기체들이 온실처럼 지구를 감싸고 있어 온실가스라 부른다. 그런데 만약 이 기체들이 없으면 지구의 온도는 무

▌필리핀 피나투보 화산재

려 -18도로 떨어진다. 그런데 지금은 이 온실기체의 양이 필요 이상이 되어 지구온난화의 원인이 되고 있다.

지구온난화는 기후뿐 아니라 지구생태계 전체를 변화시키고 있다. 기후가 변화하게 되면 생태계가 파괴되고, 생태계 먹이사슬의 가장 마지막에 속한 우리 인류의 삶에도 영향을 미치게 된다. 그런데 이산화탄소와 메탄을 줄인다고 공기 중의 온실가스를 줄인다고 지구는 금방 나아지지 않는다. 지금 당장 온실기체를 줄인다 해도 300년이라는 긴 시간이 걸린다. 이것을 보통 '기후변화의 관성'이라고 한다. 관성^{inertia}은 현재의 운동 상태를 지속하게 하는 물체의 성질로 한 물체의 움직임을 다시 되돌아오게 하는 힘이다. 정지하고 있거나 움직이고 있는 물체는 각각 관성 때문에 움직이게 하거나, 속도의 크기나 방향을 변화시키려는 어떠한 힘에 대해서도 저항한다. 관성은 수동적인 성질로서, 물체가 힘이나 토크(회전력) 따위의 능동적인 힘에 저항하게 하는 것 외에는 물체에 아무런 작용도 하지 못한다. 즉, 움직이고 있는 물체는 관성 때문이 아니라 단지 그 움직임을 늦추거나 방향을 변경시키거나 속도가 더 오르게 하는 힘이 없기 때문에 그 움직임을 지속하는 것이다.

관성의 크기는 관성질량과 관성 모멘트로 표시된다. 예를 들어 한 마라톤 선수가 완주를 하고 바로 멈추지 않고 계속 뛰다가 멈추는 것이 그 예다. 이와 같이 기후변화의 관성은 지금 바로 줄인다고 해도 계속 간다는 것을 의미한다. 또한 인간은 농업활동과 공업활동으로부터 온실기체뿐만 아니라 다량의 미세한 입자도 대기로 방출하여 복사평형에 영향을 미치게 하여 기후변화를 일으키기도 한다. 다음은 우리가 일반 적으로 이해해야 할 기후변화의 원인들이다.

온실효과 수증기, 이산화탄소, 메탄, 아산화질소와 같은 대기 중의 미량기체가 온실의 유리와 같은 작용을 하여 지표면이 방출하는 지구복사의 일부를 다시 지표면으로 보내어 지표면과 대류권의 온도를 높인다. 이러한 작용을 온실효과라 하고 온실효과를 일으키는 기체를 온실기체라 한다.

태양에너지의 변화 태양이 방출하는 에너지양은 일정하지 않다. 지구의 기온 기록을 보면 11년의 주기로 변화하는 것을 알 수 있는데 이것은 태양의 흑점 수의 변화 주기와 대체로 일치한다.

지구공전궤도와 자전축의 변화 지구의 공전이나 자전행태가 변하면 지구가 받는 태양에너지량이 변하고, 또 위도별 에너지 분포도 변하여 기후가 바뀌게 된다.

에어로졸의 영향 화산 폭발 때 분출되는 화산재나 먼지 등이 오랫동안 대기 중에 떠 있으면서 태양광선을 차단하게 되면 기온이 낮아진다.

인위적인 요인 산업화 이후 화석연료의 사용 급증과 인구증가로 이산화탄소, 메탄, 아산화질소와 같은 온실기체가 대기 중으로 다량 방출되어 온실효과가 높아진다.

제2장

환경과 질병

환경문제와 생태학적 두 측면

현대의 환경문제가 인류의 생존을 위협할 정도로 대규모로 일어나고 있다는 점에서 전근대사회의 환경문제와 동일한 선상에서 비교할 수는 없다.[15] 이것은 인간의 환경문제가 단순한 인간의 실수로 비롯된 것이 아니라 현대문명의 산물이라는 것이며, 동시에 환경문제를 극복하기 위해 우리 인류는 현대문명에 대한 본질적인 성격을 반성해야 한다는 것도 의미한다.

우리가 현대문명의 본질적인 성격을 반성하기 위해서는 현대문명의 근간을 이루고 있는 인간을 규정하는 인간관, 자연을 바라보는 자연관, 그리고 이 양자를 연결하는 사회관에 대한 신중한 고찰이 필요하다. 사실 인간과 자연환경과의 관계에 있어서 인간이 자연환경을 어떻게 바라보느냐에 따라 상이한 환경관이 등장할 수 있으며 더욱이 그러한 각각의 환경을 바라보는 시각에 의해 우리 개개인과 공동체의 행동도 달라진다. 다시 말해 동일한 환경이라 할지라도 그 환경을 보는 견해에 따라 드러나는 현상들에 대한 해석과 대안이 달라질 수 있다는 것이다.

현대문명에 있어 인간과 환경의 관계는 크게 두 가지 측면으로 요약될 수 있다. 하나는 여타의 다른 생물체와 마찬가지로 인간을 생태계의 한 구성요소로 규정하는 인간생태학human ecology[16]적 측면이다. 인간생태학은 동·식물계에서 유기체들이 환경에 공동체적으로 대응하는 것과 마찬가지로 인간세계의 환경적응과정에서 공동체의 관계와 적응형태 사이에 지속 과정에 초점을 두고 사회현상에 대한 생물학적 유추와 적용을 연구하는 것이다. 그리고 이런 인간생태학이 말하는 생태계는 다양한 인간 사회분야를 분석하는 은유와 유추의 원천이면서도 동시에 그에 따른 조직생태[17], 기업생태, 지식생태 등으로 구분되어 발전되는 개념이다. 결국 인간생태학은 인구와 그에 따른 여러 제도의 적용, 그 지역적 배치의 관련성을 생태학적 입장에서 해석하려는 학문이다.

사실 인간생태학은 사상적인 측면에서 볼 때 인간의 본성에 대한 관심으로부터 시작하였다. 인간의 본성은 여러 측면을 가지고 있으며 또한 많은 잠재력을 가지고 있다. 사회가 점점 복잡해짐에 따라 개인들은 더 많은 자기 표현방법을 갖게 되고 이 과정에서 본성은 행태의 원동력이 된다. 사회 속에 나타나는 인간의 행태는 인간의 근본속성을 표현하는 것으로, 이것은 개인과 집단의 다양한 상호작용과 외부환경에의 적응을 통하여 나타난다. 파크R. Park를 중심으로 하는 인간생태학은 이러한 점을 사상적 배경으로 하며, 인간생태학자들이 본성과 이성의 구분을 강조하게 된 동기이기도 하다. 또한 여기에 자연적인 것과 계획된 것, 공동체와 사회, 개인individual과 사회인person을 구별하는 근거가 내재되어 있다.

이러한 의미에서 본다면 파크의 인간 생태학 이론은 홉스T. Hobbes를 비롯한 17~18세기 철학자들의 사회계약설과 깊은 관계가 있다. 그는 홉스가 말하는 자연인natural man의 개념을 받아들여 생태학적 자연인을 비사회적 창조물로 강조했다. 그래서 인간은 사회의 통제에서 벗어나 인간의 속성에 따

▌홉스

리 생활할 수 있다고 말한다. 여기서 사회적 통제는 인간의 근본적 속성과 반대로 작용하는 외연적인 힘이며, 생태학에서 쓰이는 '자연'이란 홉스가 말하는 사회적 환경으로 해석된다.

그러나 파크는 홉스 이상으로 자연 질서와 사회의 차이점을 강조

한다. 홉스는 개인을 국가에 거의 귀속된 존재로 본 반면에, 그는 인간의 모든 속성이 사회의 이성적이고 도덕적 통제에 의하여 형성될 수 없다고 가정하였다. 또한 생태학자들은 율법과 자유는 상호 대립적 개념이라는 점에서 홉스에 동의하고 있지만, 홉스에게 있어 율법은 '대중적 양심public conscious'인 반면 그에게 있어 율법은 '개인의 통제수단control of individual'을 의미한다.

한편 파크는 유물론적 사고에도 큰 영향을 받았다. 그에 따르면 개인 속성의 표출은 집단생활의 물리적 · 경제적 · 기술적 측면과 상호 연관되어 있으며, 대부분의 문명화된 인자들 역시 자연적 인자들이라는 점에서 물리적이고 구체적이며 시각적인 현상들이 강조된다. 다시 말해 그는 물리적 이동과 위치라는 측면에서 사회조직체에 대한 해석을 시도함으로써 물리적이고 기술적인 인자들을 연구의 중심인자로 간주하고 있다.[18]

또 다른 하나의 측면은 인간을 다른 생물체처럼 단순히 주어진 환경에 적응만 하는 것이 아니라 여러 가지 도구나 기술, 정보, 지식 등을 이용하여 주변 환경을 인간의 필요에 따라 개조 내지는 변화시킬 수 있는 능력의 소유자로 보는 것이다. 이러한 생태학적 견해는 인간이 문화의 소유자이기 때문에 문화생태학cultural ecology[19]이라 불린다.

문화생태학은 인간생활의 제반 양상, 인간생존과 자연과의 관계, 자연과 생태가 문화에 미치는 영향 등을 다룬다. 문화생태학이 문화와 환경의 문제에 초점을 두는 데 반하여 문화생태계는 문화 그 자체의 생태구조에 초점을 둔다. 하지만 역사적으로 문화생태학은 20세기 중반에 문화 진화론적 사고에서 유래하여 생태학적 관점과 마르크스적 유물론과의 소통·접목을 통해 발전한 인류학의 대표적인 한 분야로 알려졌다. 이 문화생태학은 문화가 어떻게 발전해 나가며 문화를 형성하는 힘과 기제가 무엇인지를 탐구하고, 중요한 연구 방식으로 환경과의 조정·적응관계에 주목한다. 다시 말해 문화가 생존의 기회를 높이기 위해 그 문화에 의미 있는 유효한 환경에 맞춰 자신을 어떻게 변형해 나가야 하는지, 집단 내의 사람들은 어떤 행위양식을 취하는지가 바로 문화생태학의 주된 관심사인 셈이다.

문화생태학은 가장 기본적으로 환경과 인간집단의 상호관계에 초점을 맞춘다. 곧 이 학문은 사회의 상징적 체계와 문화를 주어진 역사지리적, 경제적 환경조건 등에 '적응'한 결과로 '문화생태학'이란 용어는 스튜어드J. H. Steward가 《문화변동론Theory of Culture Change, 1955》에서 처음으로 사용한 개념이다. 스튜어드는 생태학의 주된 의미는 '환경에 대한 적응'에 있는데, 이 때 '환경'은 특정한 지역 안에 있는 모든 식물과 동물군 사이 또는 다른 유기체들과 상호작용하는 생명의 총체적인 그물망으로 간주된다고 생각하였다. 그는 나아가 문화생태학은 "어떤 문화적·환경적 상황에서나 적용할 수 있는 일반적 원리를 이끌어내기 보다는 서로 다른 지역들을 특징짓는 특수한 문화적 양태와 유형pattern의 원천을 설명하고자 한다는 점에 있다"고 생각하였다.[20] 스튜어드는 다양한 문화사와 문화유형의 고유성에 반대하는 대신 특수한 문화적 요소와 환경적 요소들에 초점을 맞추어 그들이 어떻게 상호작용하고 기능하는가에 주목하였다. 스튜어드가 개별적인 지역 환경의 중요성을 인식하고 그런 인식을 계승하는 분석적 탐구에 찬성한 것은 생태인류학에 주요 전환점이 되었다. 그는 환경이 어떤 특수한 형태의 행위를 요구하는가, 또는 환경이 어느 정도까지 행위의 패턴에 있어서의 변이나 폭을 허용하는지를 결정하기를 원했다.

또한 스튜어드는 모든 사회현상은 어떤 것이나 문화에 의해서 결정된다고 간주하는 '문화위주론文化爲主論'을 부정하고 특정 지역의 환경을 문화에 독립적으로 영향을 주는 문화외적文化外的 요인으로 간주하였다. 그에 의하면 문화의 모든 국면은 기능적으로 상호의존 관계를 가지고 있음에도 불구하고, 이 상호의존의 정도는 문화마다 동일하지 않다고 보았다. 스튜어드는 생계활동과 경제제도에 가장 밀접하게 연관되는 문화양상의 집합체를 '문화핵심文化核心'이라고 말하였다. 그에 있어 문화생태학의 기본적인 관심사는 기능적으로 상호 밀접하게 연관되는 기술, 경제, 정치, 사회, 종교, 군사 등 문화핵심에 있다. 그는 개별적인 주요 외적 환경권은 그 안의 여러 문화요소들에 있어서 일련의 문화적 발전 결과에 영향을 주는 공통의 생태학적 적응을 낳고 공통의 문화 핵 cultural core들을 낳는 경향이 있다고 생각하였다.[21]

인간생태학 혹은 문화생태학이든지 간에 환경을 바라보는 시각은 인간과 환경을 둘러싼 현실의 문제들을 해결하기 위한 전 인류의 노력들 중에 하나다. 현대를 사는 우리는 많은 공해 물질과 오염으로 인한 수질오염, 농약, 유전자변형, 성장촉진제 등 각종 유해환경의 영향안에 살고 있다. 그것들은 우리의 생존과 삶을 위협하는 존재임은 분명하다. 그럼에도 환경문제의 심각성에 대해서는 대부분의 사람들이 관심을 가지고 있지만 그 관심의 정도가 기초적이기 때문에 실제로 환경개선이나 환경오염방지를 위해서 정책적·행정적 차원에서의 노력이 필요한 것도 사실이다. 결국 지금의 환경문제는 인간 삶의 질에 대한 철학적 해석의 전환과 더불어서 사회문화적 성격에서 행정단위와 정책적 융합에 의해 최소화될 수 있는 것이다.

그동안 한반도의 정치·군사적 상황은 주한미군의 존재 자체에 대해 별다른 의구심 없이 수용하는 입장이었다. 하지만 1980년대 이후 주한미군과의 불평등한 관계에 대한 불만이 점차 제기되고, 1990년대부터 주한미군에 의해 야기된 심각한 범죄들로 점차 일반 국민들조차 한국 측 수사권이나 형사처벌권이 불평등한 한미행정협정SOFA에 의해 원천적으로 제한되고 있다는 사실이 알려지면서, 일방적인 수용적 태도로 주한미군을 바라보던 시각에 변화가 나타났다. 특히 주둔 미군과 공동의 공간에서 직접 접촉하면서 일상생활을 하는 미군 주둔 지역 시민들의 불만과 피해가 점차 외부로 알려지기 시작했기 때문이다. 어쩌면 이것은 미군 주둔 지역의 시민들이 미군의 주둔으로부터 파생된 행복과 고통에 대한 양적, 질적 공리주의 잣대가 이미 한쪽으로 기울기 시작한 결과일지 모른다. 하지만 주한미군과 우리가 크게 간과하고 있는 부분 중에 하나가 바로 미군 주둔 지역의 환경오염으로부터 시작된 환경문제와 그에 따른 복원 문제다.[22] 미군 주둔 지역의 환경 문제는 그동안 끊임없이 발생해 왔으며, 2000년 이후 한국 사회에서 이에 대한 인식의 폭이 커졌다. 반안환되는 기지에 대한 환경오염 조사와 오염치유 절차에 대한 한 · 미 간 합의에 의하면, 3단계 조사가 진행되어야 하고 오염이 확인되면 미군이 치유 · 복원하도록 되어 있다. 하지만 이것은 수사적 가능성만을 주고 있을 뿐이라는 것이 세간의 지배적인 견해다. 필자가 살고 있는 평택만 하더라도 환경문제에 더욱 민감하게 대처하지 않으면 안 되는 지역이다.

환경오염의 피해구조 – 지방자치의 대응

환경오염의 피해는 누구에게나 똑같이 나타나는 것이 아니다. 환경오염의 피해는 연쇄적으로 나타나며, 생물학적인 약자에게 그리고 사회적 약자에게 우선적으로 나타나는 경향이 있다. 한 지역이 오염되면 그 피해는 먼저 식물이나 먹이 연쇄의 아래에 있는 동물들에게 먼저 발생한다. 일본의 미나마타병을 보더라도 먼저 수은이 물고기의 체내에서 유기수은으로 변하여 그것을 먹은 갈매기나 고양이에게 먼저 피해를 입혔다. 인간에게 확산될 경우는 런던의 대기오염에서 살펴볼 수 있는데, 생물학적 약자인 노인이나 어린이들이 우선 피해를 당하게 됨을 알 수 있다.

한편 공해의 피해는 사회계층과도 관계가 있는데, 빈곤층들은 환경오염이 심하지만 주거비가 싼 곳에 살 수밖에 없기 때문에 쾌적한 곳에서 살고 있는 부유층보다 피해를 많이 받는다. 그럼에도 불구하고 환경의식은 직접 피해를 당한 사람을 제외하고는 중상류층이 더 높다. 아무래도 경제적 압박에서 벗어나 쾌적한 환경에서 살고 싶은 욕망을 발현할 여유가 있기 때문일 것이다.

유럽의 여러 나라에서는 1970년대 이후 '녹색운동'이라는 이름의 환경운동이 일어나기 시작했는데, 환경운동은 대체로 다섯 단계를 거치면서 전개된다.

첫 번째는 환경문제에 대한 관심이 서서히 증가하는 단계다. 두 번째가 피해지역 주민들이 운동을 하는 단계인데, 이때는 일시적이고 한정적인 운동인 경우가 대부분이다. 세 번째는 지역의 상설적인 환경운동단체가 만들어지는 경우이며, 네 번째는 선문가적 환경운동가들이 활동하여 전국적인 연합이 만들어지는 단계이다. 그리고 마지막 다섯 번째는 환경운동세력이 녹색당 등의 환경정당을 구성하여 정치과정에 참여하는 것이었다.

그러나 환경위기의 심각성에 비해 현재의 환경운동은 약하게 진전되고 있다. 개개인으로서는 그것을 해결할 수 없다는 광범위하게 퍼진 무기력감이 큰 이유일 것이다. 또한 환경 같은 실리적이지 않은 가치에 매달리게 되면 자칫 무한경쟁시대에 도태될지 모른다는 것이 환경운동에 큰 위협으로 작용한다. 경제주의 패러다임의 세상에서 환경운동은 단지 낭만적인 행위이거나 혹은 일부 직접 피해자들의 피해보상운동 같은 이기적인 행동으로 간주되고 있는 실정이다.

여러 행정 분야 중에서도 환경 관련 행정에 있어서는 특히 지방자치의 역할이 강조되고 있다. 그 이유는 무엇보다도 환경이라는 것 자체가 어떤 추상적인 체계가 아니라 자신이 몸을 담고 사는 생활공간 상의 문제며, 대부분의 시민이 몸을 담고 사는 생활공간 관리는 일차적으로 지방자치단체가 책임을 지게 되어 있기 때문이다. 환경을 잘 관리해서 살기 편하게 해주는 일이든, 개발을 위해 환경을 파괴하는 일이든, 대부분의 경우 정책 결정권과 관리 책임이 일차적으로 지방자치단체에 주어져 있다.

예를 들어 1990년부터 1997년까지 환경문제와 관련되어 지역주민과 공공기관 사이에 발생한 분쟁이 146건인데, 이들 중에 자치단체와 지역주민 사이에서 발생한 분쟁이 72건, 국가와 지역주민 사이에서 발생한 분쟁이 22건이다.[23] 환경문제가 얼마나 지방자치단체와 밀접하게 관련되어 있는지를 알 수 있다. 그러나 우리나라 국민은 환경의식이 매우 높은 편임에도 불구하고 환경행정에 참여하는 정도는 매우 낮은 편이다.[24] 환경행정뿐 아니라 어느 분야의 행정에서든 우리나라 국민들이 행정 참여도는 전반적으로 낮다. 오히려 환경 분야가 그중 높은 편이 아닌가 하는 생각이 들 정도이다. 시민들이 행정에 참여하는 정도가 낮다는 것은 그만큼 시민들의 주인의식이 결여되어 있다는 것을 뜻하며, 좀 더 과감히 말한다면 민주적 행태가 아니라고도 말할 수 있다. 필자가 생각하는 민주주의란 그 사회에 사는 한 사람 한 사람이 주인으로서, 그 사회와 지역의 일을 독립적으로 만들어나갈 수 있어야 하니 말이다.

우리가 이렇게 주인으로서 행세를 제대로 못 하는 어리석음의 값은 톡톡히 치르는 것 같다. 단적인 예가 1995년 7월, 민선 지자체 단체장 행정 시행 이후 지역의 환경이 엄청난 속도로 파괴되어 가고 있다는 것이다. 앞서 말한 자치단체와 지역 주민 사이에서 발생한 분쟁 72건 가운데 59건이 1995년 7월 이후, 즉 지자체 실시가 본격화하면서 생긴 것이다.[25] 그만큼 심각하게 환경이 파괴되어 주민들에게 피해를 주었다는 것이다.

이런 일이 생기는 것은 너무나 당연하다. 예컨대 어떤 가게를 주인이 지키고 있다고 하자. 아무나 함부로 물건을 도둑질해가지 못할 것이다. 그런데 어느 날 주인이 사회에 자선하고 싶은 마음이 생겨, 이제부터 이 가게는 이 마을에 기증할 테니까 아무나 필요한 물건을 가져가라고 했다. 마을 사람들이 모두가 동시에 이 사실을 알게 되어 모두가 그 물건을 가지고 싶어 한다면, 그리고 그 마을에 웃어른도 있고 질서도 있는 마을이라면 서로 상의해서 이 물건을 어떻게 나누며, 또한 어떻게 그 가게를 관리하여 꾸준히 수익을 내면서 모두가 그 혜택을 받을 수 있을지 의논해서 결정할 것이다. 그러나 그 마을이 서로 의논하며 질서가 있는 분위기가 아니라 발 빠른 사람이 이익을 챙겨도 모를 정도로 무관심한 분위기라면, 그 가게의 물건은 잽싼 몇 사람이 다 들어내고 주인이 선의로 기증한 의미는 사라질 것이다.

우리 사회도 지방자치를 너무 섣불리 실시했다는 소리를 듣는다. 특히 지방자치단체의 난개발과 그로 인한 환경파괴를 성토하는 목소리가 요즘 들어 높아지고 있다. 그 이유는 1995년 7월 이후 지역의 개발 결정권이 지방자치단체장에게로 넘어가자마자 재빠른 개발업자들이 속속 개발권을 얻어내 마구잡이식으로 지역 환경을 파헤치고 있기 때문이다. 지역주민들은 무슨 일이 벌어지고 있는지 미처 알아채기도 전에, 지역의 환경은 몇 사람 즉 그 환경을 파괴하여 이익을 얻는 사람들 손에 손쉽게 훼손되고 있는 것이다.

모든 사람들에게 좋은 방향으로 지방행정이 이루어지도록 지방자치제도가 실시되었건만, 이 제도의 취지가 제대로 알려지지 않았고 이를 충분히 활용하는 교육이 제대로 되지 않았기 때문에, 주민들은 무엇을 어떻게 해야 하고 할 수 있는 것인지 깨닫기 전에, 자신의 이익만을 챙기는 사람들에게 좋은 환경을 내주고 만 것이다. 가게의 물건은 가져간 사람이 쓰면 그만이지만, 환경이 망쳐지면 그 환경 속에 사는 사람들이, 자손 후대까지도 두고두고 악영향을 받으니 이만저만 심각한 일이 아니다.

평택의 문화 환경과 삶의 질의 실태

평택시는 면적 457.4㎢, 인구 45만 4,231명(2015년 6월 말 기준)의 경기도 최남단의 도시다. 교통의 요충지로 2차 산업을 발전시켜 각종

▌도농복합지역 평택

산업공단이 활발하게 조성되고 있는 전형적인 도농복합지역이다. 일제 강점기부터 주둔한 외국 군대 때문에 평택은 '군사도시' '기지촌'이란 이미지와 오명을 벗지 못하고 있다. 이 지역에는 이미 2백만 평이나 되는 송탄 미 공군 기지가 있으며 미 태평양 공군사령부 산하의 미 7공군 사령부가 있다. 그동안은 국내 최대의 단일 기지였는데, 필리핀 클라크 공군 기지가 폐쇄된 뒤로는 태평양 지역에서 가장 큰 공군 기지로 알려져 있다. 그것은 K-55로 불리다가 1956년 후반부터는 '오산공군기지'로 불리고 있다. 송탄 미군 기지에는 미군 5천3백 명과 민간인, 가족을 포함하여 약 1만 1천여 명이 상주하고 있다. 이 기지에 근무하는 미군 장교와 사병들은 40개 동의 기숙사에서 가족과 함께 또는 독신으로 거주하고 있다.

　미군기지가 위치한 지역 곳곳은 환경오염에 시달리고 있고 주민들의 저항도 끊이질 않는다. 2013년 9월 평택시가 수행한 환경오염 조사에 따르면 평택 미군기지 이전지역에서 반출된 토양에 기준치를 초과한 카드뮴과 니켈이 검출됐다.[26] 또한 2011년에는 한 퇴역 미군의 증언으로 미군기지 내 고엽제 매립 의혹이 제기되기도 했다. 이러한 평택 지역의 환경 배경은 많은 시민단체와의 갈등을 초래하는 원인을 제공하고 있다.

　더욱이 송탄 미 공군 기지 안에는 패트리엇 미사일이 10기 정도가 배치되어 있다. 회화리에서 진위천 둑에 올라가면 군데군데 콘크리트

▌주한미군과 시민단체들 간의 갈등(출처: 아시아뉴스통신 2011. 9. 7)

방벽 뒤로 삐죽삐죽 하늘을 향해 50도 각도로 고개를 쳐들고 있는 패트리엇 미사일이 있다. 또한 안정리 캠프 험프리에도 대대급의 패트리엇 미사일 운용 부대가 있다. 1998년 3월 주한미군은 미사일 요격용으로 한국에 배치할 패트리엇 미사일 기지로 쓰겠다며 팽성에 17만여 평의 땅을 더 공여해 달라고 공식 요청한 적도 있다. 국방부 관계자도 주한미군이 그런 공문을 보내 왔다는 사실을 확인했다.

잘 알려져 있듯이 미국이 에셜론 부대 같은 통신부대에 고성능 도청 체제를 갖추어 놓고 적국의 통신을 도·감청하고 있다는 사실은 널리 알려져 있다. 부대 안의 시설을 살펴보면 송탄 미군 기지에는 골프장을 비롯해서 슬롯머신, PX, 클럽, 식당 같은 이른바 '비세출자금기관'들이 있다. 사실 이런 기관들이 한국인을 상대로 영업하는 것은 불평등한 SOFA로 따져도 불법이다.

평택시의 삶의 질의 평가에 있어 이러한 주변 환경은 매우 중요한 요소로 작용되고 있음이 최근 연구에 의해 보다 확실하게 되었다. 사실 삶의 질이란 시대와 공간을 초월한 절대개념이기보다는 한 사회의 정치, 경제, 사회의 수준과 사회구성원의 가치관과 관심에 의해 영향을 받는 상대적 개념이라는 점에서 학자들 간에 다양한 개념정의가 제시되고 있는 것이다.[27] 흔히 지역연구에서 삶의 질을 공동사회의 주민들이 자신이 거주하고 있는 장소에 대해 느끼는 주관적 만족감과 행복감에 근거하는 것, '살기 좋음'으로 파악하며, 특정 지역이 제공하는 상황

적 여건과 이를 인식하는 개인의 욕구와 기대의 결합에 의해 결정되는 것으로 이해된다.[28]

평택시는 2003년 미군기지 확장 이전 결정과 함께 마련된 〈평택시 등에 관한 특별 지원법〉에 근거하여 2006~2020년의 기간 동안 약 18조 8천억 원의 사업비가 투자되는 대규모 지역개발사업을 추진하고 있다. 이곤수(2011)의 연구에 의하면 평택시는 지방정부 차원의 정책추진에 의한 삶의 질 여건 변화와 그에 대한 주민평가를 측정하는데 매우 적절한 지역이다. 조사의 신뢰성과 타당성을 높이기 위해 전문 여론조사기관에 의뢰하여 5년 이상 거주한 평택시 주민 600명을 대상으로 조사를 실시하였다. 그 결과 다음의 표에서처럼 삶의 질의 여건 중에서 경제 요인이 시장지지를 결정하는데 가장 강력하게 작용하고 있다.

이것은 정부성과-신뢰의 관계에 관한 기존 연구결과와 일치되는 것으로, 중앙정부 차원뿐만 아니라 기초지방자치단체 수준에서도 경제적 성과가 단체장에 대한 주민의 지지 형성에 중요한 요인임을 보여주는 결과다.[29] 하지만 삶의 질 여건 중에서 사회문화적 여건, 환경 및 공공안전이 시장지지에 강한 영향 요인으로 나타난 것은 경제적 삶뿐만 아니라 문화, 교육, 복지 등 풍요로운 지역생활여건과 쾌적한 자연환경과 안전한 생활여건의 확보가 주민들의 지지 획득에 중요하다는 것을 의미한다. 그런데 주거·교통·통신 등 주거 편의여건은 시장지지에 유의한 영향력을 미치지 못하고 있다. 하지만 지방시의회지지에 대해서는 삶의 질 여건의 영향력 크기가 사회문화(β=0.258) 〉 경제(β=0.195) 〉 환경(β=0.159) 〉 공공안전(β=0.150)의 순으로 시장지지 결과와 다르게 나타나, 시장과 지방의회에 대한 지지 결정의 역학에는 다소의 차이가 있음을 알 수 있다. 반면 지방정부의 지역경쟁력 제고 및 사회통합 증대 능력에 대한 믿음인 역량신뢰를 종속변수로 하는 것이다. 역량신뢰에 대해서는 경제(β=0.215) 〉 공공 안전(β=0.170) 〉 사회문화(β=0.104) 순으로 지역의 삶의 질 요인이 영향을 미치는 것으로 나타났다.[30]

평택시 삶의 질 여건과 정부 신뢰 관계 조사 결과(출처: 동아시아 연구원 2011년 2월)

	모형 1: 시장지지		모형 2: 의회지지		모형 3: 정치신뢰		모형 4: 역량신뢰	
	β	t	β	t	β	t	β	t
사회문화 요인	.226	5.44***	.258	5.971***	.207	5.144***	.104	2.592**
주거편의 요인	.035	.876	.007	.170	.075	1.899	.063	1.513
환경 요인	.190	4.744***	.159	3.801***	.038	.961	.077	1.926
공공안전 요인	.177	4.442***	.150	3.611***	.237	6.096***	.170	4.285***
경제 요인	.228	5.681***	.195	4.672***	.258	6.626***	.215	5.411***
정당일체감	.085	2.032*	.064	1.478	.064	5.561	.010	.237
정책이해	.092	2.226*	.105	2.458**	.241	5.978***	.279	6.833***
정치참여	.040	.989	.041	.977	−.053	−1.338	.081	2.012*
성별	.010	.257	.024	.574	−.004	−.101	.042	1.041
연령	−.039	−.834	−.152	−3.095**	.084	1.814	.066	1.393
학력	−.080	−1.721	−.159	−3.315***	−.032	−.703	−.091	−1.954*
소득	.056	1.351	.022	.499	.000	.002	.059	1.414
상수	2.520	7.375***	2.812	8.476***	3.882	6.050***	4.542	8.165***
R^2/수정된R^2	.220/ .201		.215/.195		.305/ .288		.219/ .203	
F	11.851***		10.745***		17.345***		13.379***	

주: *p<.05, **p<.01, ***p<.001; 상수의 β 는 비표준화계수(B)임.

환경성 질병들과 그 원인

지구온난화현상은 산업화 시대 이후 세계적으로 급증하게 된 자동차와 공장 등 석유 에너지의 사용 증가와 무분별한 토지 개발 등으로 인한 지구의 황폐화 현상으로 이차적으로 일어나게 된 지구의 재앙이다. 특히 기후 온난화에 직접적으로 영향을 미치는 이산화탄소와 오존 등에 대한 연구가 증가하고 있는데 이 중에서도 이산화탄소(CO_2)는 농작물이나 식물들과 밀접한 관계가 있다. 이산화탄소의 증가는 인간의 생리학적, 병리학적인 변화에도 중요한 영향을 미치게 되며 인간 건강과 밀접한 관계가 있는 식물의 생리학적 변화도 유도하게 된다.

일찍이 고대 그리스 시대에 히포크라테스에서부터 공기, 물 등 환경적 요인의 중요성이 인식되어 왔지만, 그다지 부각되지 못했다. 19세기 이후 산업화와 공업화가 급속히 진행되고, 인구의 증가 및 도시의 집중화로 인해 대기오염, 수질오염 및 토양오염 등이 사회문제가 되면서 특정 지역 고농도의 환경오염에 의한 환경성 질환이 부각되었다. 그러나 최근에는 새로운 기술의 도입, 새로운 화학물질의 개발 등 과거와는 새로운 환경요인이 부각되고 있고, 고농도 환경오염에서 저농도의 환경위해요인으로, 국지적인 문제가 전-지구적인 문제로 환경성 질환이 중요해지고 있다. 또한 인간 수명이 증가하면서, 질병의 원인으로 환경적 요인이 중요해진 것도 사실이다. 환경이 오염되면 인간에게 질병을 일으킨다. 수질이 오염되면 그 물을 마시고 설사병 등 각종 감염성 질환에 시달리게 되고 대기가 오염되면 천식 등 각종 호흡기질환으로 고통받을 수 있다.

환경성 질병에 대해서는 미국 국립환경보건과학연구소, 세계보건기구(WHO) 등의 선도 기관에서는 'environmental disease', 'environmental burden disease' 또는 'environment related disease' 등의 개념을 적용하고 있다. WHO에서는 주요 102가지 질환에 대하여 분석하고 있다. 특히 설사질환 및 신경정신질환, 중독, 하기도, 상기도, 만성폐쇄성 폐질환, 천식, 심장질환, 백내장, 난청, 말라리아, 샤가스병, 회선사상충증, 리슈마니아증, 뎅기열, 일본뇌염, HIV, B형, C형 간염, 결핵, 주산기 질환, 선천성 기형, 영양실조, 암, 자동차 사고, 낙상, 익사, 근골곡계 질환, 림프사상충증, 주혈흡충증 등이 바로 환경성 질병에 속하는 것들이다.

특히 대기오염이 높은 지역에 거주하는 산모들에게서 태어난 아이들의 출생 시 평균 체중이 낮다는 것이 1970년대 초 캘리포니아의 로스앤젤레스에서 처음 보고된 이래로 미국의 UCLA Ritz 등은 임신 첫 번째 달의 미세먼지(PM 10) $50\mu g/\text{㎥}$ 증가에 따라 조산아 출산이 16%가 증가하였음을 보고하였고, 유럽의 한 연구에서는 이산화황의 경우 임신 1, 2, 3분기 모두 조산아와 저체중아 출생에 유의한 영향을 미치는 것을 볼 수 있었다. 우리나라에서는 서울지역의 1996~97년도 출생아 자료와 대기오염자료를 이용하여 대기오염이 저체중아 출생에 미치는 영향을 분석한 결과, 임신 초기 3개월간의 공기 중 부유 분진, 이산화질소, 일산화탄소, 이산화황 농도가 증가할수록 신생아의 체중이 감소하는 것을 보고하였다. 또한 국내 최초

출생아 조산아·저체중아 발생률 추이
(단위: 명/100명. 자료: 통계청)

▌조산아 저체중아 발생률의 증가

의 출생코호트 연구The Mothers and children's environmental health study: MOCEH에서도 임신 3분기의 실외 농도가 증가할수록 임신주수와 아기의 출생체중을 유의하게 감소하는 것으로 나타났으며, 임신 중 고농도의 휘발성 유기화합물과 포름알데히드에 노출될수록 신생아의 출생체중이 감소하였다.

우리나라에서 환경성 질환 문제는 새로운 국면을 맞이하고 있다. 2011년부터 석면의 경우 직업적 노출에 대한 산업재해보상보험에 의한 보상 외에 석면에 의한 악성중피종, 폐암, 석면폐증 등 환경성질환의 경우에도 구제하는 석면구제법이 시행되었다. 또한 중앙환경분쟁조정위원회에서 시멘트 분진의 경우 환경적 노출에 의해 발생한 폐암, 만성폐쇄성 호흡기질환, 진폐증 등을 인정하고 있다

우리나라에서도 일부 독성이 강한 석면에 대해서는 1981년부터 제조 및 사용을 금지하고 있으며, 2009년부터는 석면분석 전문기관을 운영하고 석면이 사용된 건물의 해체작업을 할 경우 석면 먼지의 비산

정도를 측정하는 한편 석면함유 폐자재에 대한 관리를 강화하는 등의 대책을 시행하고 있다. 또한 석면 폐광산 지역 주민에서의 석면 관련성 질병이 사회적 문제점으로 부각된 이후에 환경부, 노동부 등과 같은 정부에서 석면 관련 대책을 마련하고자 노력하고 있으나 불과 10~20년 전까지 석면이 광범위하게 사용되어 고농도로 석면에 노출되었을 가능성이 있고, 아직까지도 많은 건축물 및 산업시설에 석면 또는 석면함유 제품들이 들어있을 뿐 아니라 석면 폐광산 주변지역에 산재해 있는 석면광물의 재비산 먼지의 우려가 있기 때문에 앞으로도 오랫동안 석면으로 인한 질병이 사회적인 문제가 될 수 있다. 따라서 현시점에서 석면 관련성 질병예방을 위한 완벽한 석면노출 방지대책이 불가능하다는 점을 고려하면 우리 주변에서 노출될 수 있는 석면에 대한 지속적인 관리가 필요하다.

석면이 치명적인 호흡기질환의 원인물질이지만 모든 석면이 질병을 일으키는 것은 아니며 석면광물의 종류, 입자의 크기, 화학조성, 표면특징, 내구성 등에 따라 독성이 달라지기 때문에 이러한 것들을 구별하여 관리해야 한다. 석면은 사문석과 각섬석 계열의 규산화합물로서 길이가 5마이크론(100만 분의 1㎜) 이상이고 직경이 2마이크론 이하이면서 그 비율이 5:1 이상인 석면을 흡입하였을 경우 폐 조직 안에서 질병을 잘 일으키며, 폐 조직 안에서 잘 용해되지 않는 것들이 인체 독성이 크다고 알려져 있다. 국내에서 석면이 가장 많이 사용된 곳은 건축물

(82%)이고 다음으로는 자동차(11%)와 섬유제품(5%)이다.

또한 대기오염은 천식의 발생과 증상 악화에 영향을 미친다. 그러나 대기오염이 환자의 증상변화에 더 직접적인 영향을 미친다. 대기 중에는 오존(O_3), 아황산가스와 같은 여러 종류의 기체와 생물체 또는 무생물체로부터 발생된 각종 미립자로 구성된 오염물이 포함되어 있다. 이런 구성성분의 종류와 농도는 장소와 시간에 따라 다양하게 변화된다. 천식 환자는 대기오염에 의한 기도 자극에 정상인보다 더 예민하게 반응한다. 대기오염 물질은 알레르겐 감작의 보조인자adjuvant factor로도 관여한다. 일본에서 고속도로변 200m 이내에 거주하는 주민들이 산 속에 사는 주민들에 비하여 일본 삼나무 꽃가루 감작률이 더 높다. 디젤 연소미립자diesel exhausted particulate, DEP의 보강 작용은 방향족 탄화수소aromatic hydrocarbon의 B세포에 미치는 IgE 생산 증가의 직접적 작용과 미립자와 꽃가루 간 물리적 결합으로 꽃가루를 더 강한 알레르기 성질을 띠게 만들기 때문이라고 추측한다.

오존과 미세분진은 천식 환자 기관지에 직접 자극반응을 일으키고 또 알레르기 감작과 염증 유발에도 간접적인 상승효과를 일으킨다. 오존은 대기오염물질 중 가장 강력한 산화물질이다. 건강한 사람은 0.08~0.75ppm 오존농도에 2~4시간 노출되면 폐 기능 감소를 일으키고 기도 수축에 관여하는 화학매개체를 분비하여 기도에 염증을 일으킨다.[31]

그 외에 우리나라와 관련성이 깊거나 우리에게 잘 알려진 환경성 질환에는 일본에서 유래된 '미나마타병'이 있다. 스모그가 런던을 덮치던 바로 그즈음, 지구 반대편의 일본 미나마타 현에서는 특이한 풍경이 눈에 띄었다. 어촌 마을 고양이들이 갑자기 미쳐 날뛰며 춤을 추다가 바닷물에 빠져 죽는 기이한 현상이었다. 뿐만 아니라 새들도 별안간 하늘에서 떨어지거나 날아가다가 나무에 부딪쳐 죽는 일도 벌어졌다. 이 괴이한 현상은 곧 사람에게도 나타났다. 원인을 알 수 없이 심각한 장애를 일으키는 사람들이 줄을 이어 신일본 질소 비료 주식회사 미나마타 공장 부속병원을 찾아왔던 것이다.

　　건장한 사람들이 갑자기 손을 덜덜 떠는 수전증에 빠져 성냥조차 켤 수 없게 되고 걸음조차 걷지 못하고 픽픽 쓰러졌다. 말도 하지 못했고 시각장애까지 왔다. 그리고 결국 온몸을 쓰지 못하는 마비 상태에 빠지고 환자 중 40%가 죽었다. 처음에 이 병은 일종의 전염병으로 간주됐다. 폐쇄적인 일본 어촌 문화에서 환자가 발생한 가정은 외면당했고 심지어 쫓겨나기도 했다. 이상한 걸음걸이 등 눈에 띄는 증상은 비웃음과 공포의 대상이 됐다. 병의 이름도 몰랐으니 그저 '이상한 병'으로 불릴 수밖에 없었다. 1956년 4월 21일에 5살의 소녀가 미나마타 시에 있는 치소 공장의 병원에서 검사받았다. 1956년 신일본질소비료주식회사 미나마타 공장 부속병원장 호소카와 하지메 박사는 그의 병원에 온 5살짜리 '이상한 병' 환자를 관찰하면서 뇌염보다 더 심

한 뇌 손상이 진행되고 있음
을 발견한다. 그 의사들은 걷
는 것, 말하는 것을 어려워하
고 경련을 일으키는 그녀의
증상들에 의하여 당혹스러웠
다. 2일 후에 그녀의 여동생
도 같은 증상을 보이기 시작

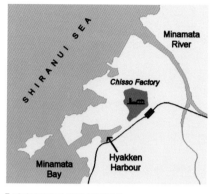

┃ 미나마타만과 인근 화학공장(출처: 위키백과)

하였고 그녀 역시 입원하였다. 그 소녀의 엄마는 의사들에게 그녀의 이
웃의 딸도 같은 증상을 겪고 있다고 알렸다. 집집이 조사 후에 8명의
환자들이 발견되었고 입원했다.

5월 1일, 병원장은 지역의 공공 건강소에 유행하고 있는 원인 불
명의 중앙신경계 질병의 발견을 보고했다. 그 질병을 조사하기 위하
여 시 정부와 다양한 개업 의사들이 1956년 5월 말에 '이상한 질병 대
책위원회'를 발족시켰다. 그 병의 국부적인 성질 때문에, 그것은 전염
병으로 추정되었고 예방책으로써 환자들은 고립되었고 그들의 집들
은 소독되었다. 비록 접촉전염이 아님이 증명되었지만, 초기의 반응은
지역 공동체의 미나마타 희생자들에게 사회적 불명예와 차별에 기여
했다.

조사 도중, 위원회는 환자들 집 지역 주변의 고양이들과 다른 야생
생물들이 이상한 행동을 보인다는 놀라운 사실을 발견했다. 1950년쯤

부터 고양이들은 경련을 일으키고 미쳐간 후 죽는 것처럼 보였다. 지방 사람들은 고양이들의 불규칙한 움직임 때문에 그것을 고양이 춤 병으로 불렀다. 까마귀들이 하늘에서 떨어졌고 바다에서 해초가 더 이상 자라지 않게 되었으며 바다 표면에서 물고기들이 떠올라 죽었다. 발생의 정도가 이해되었을 때 위원회는 연구를 돕기 위하여 구마모토 대학에서 연구자들을 초청하였다.

구마모토 대학 연구팀은 1956년 8월 24일에 형성되었다. 연구자들은 미나마타 시를 정기적으로 방문하기 시작했고 세세한 조사를 위하여 환자들을 대학병원으로 수용하였다. 환자들에 의하여 나타난 증상들의 더 완전한 그림이 서서히 폭로되었다. 그 질병은 어떠한 이전의 경고 없이 환자들에게 감각의 상실과 손과 발의 무감각을 가져오며 발발하였다. 환자들은 작은 물건들을 잡거나 단추를 잠그는 것을 못하게 되었다. 그들은 비틀거리지 않고는 걷거나 뛸 수 없게 되었고 그들의 목소리는 음이 바뀌었으며 많은 환자들은 보는 것, 듣는 것 그리고 삼키는 것의 어려움을 호소하였다. 일반적으로 이러한 증상들은 악화되었고 심각한 경련, 혼수상태 그리고 결국 죽음이 뒤따랐다. 1956년 10월, 40여 명의 환자들이 발견

▮미나마타병

되었고 14명이 죽음으로써 사망률은 35%였다.

　구마모토 대학의 미나마타병 의학 연구반은 현지에서 환자들의 진찰, 검사를 진행하고 구마모토 대학 부속병원에 환자들을 수용하여 정밀 진단을 시행했고 사망자에 대한 병리해부학적 검사에 들어갔다. 그 결과 중대한 사실이 밝혀졌다. 설사, 발열 등 전염병의 일반적인 현상이 발생하지 않는바, 전염병이 아니라 어떤 '중금속에 의한 중독'으로 보이며, 현지의 어패류를 먹음으로써 인체가 그 중금속에 오염된 것 같다는 것이었다. 이 중금속이 무엇인지를 밝혀내는 데에는 아직 시간이 더 필요했다. 구마모토 대학 연구반은 조심스레 수은을 원인으로 추정했지만 신일본질소비료공장은 이를 완강히 부인했고 심지어 자체적으로 수은을 고양이에 투입해 미나마타병을 확인하고도 그를 은폐하기까지 했다. 셀레늄, 탈륨 등 각종 공해물질이 범인으로 지목되기도 했고 미군의 화학무기설, 농약 오염설 등 온갖 설이 난무하는 가운데 외국에서 특기할만한 정보가 들어왔다.

　영국의 더글러스 맥알핀이 영국의 농약공장 노동자가 걸린 수은중독이 미나마타병의 증상과 유사함을 보고한 것이다. 1958년 3월이었다. 1959년 11월 12일, 미나마타병의 원인조사를 진행하고 있었던 후생성식품위생조사회 미나마타식 중독 특별부회는 "미나마타병 주요 원인은, 미나마타만 주변의 어패류들에 농축된 일종의 유기수은 화합물이다"고 보고했고, 지난한 연구 끝에 1963년 2월 20일 구마모토 대학 연구반은 "미나마타병은 미나마타만의 물고기 등을 먹음으로써 발생하는 중독성 중추신경계의 질환이며, 그 원인 물질은 메틸수은화합물인데 미나마타만 내의 조개 및 질소공장의 잔재로부터 추출되었다"는 발표를 한다. 그러나 일본 정부가 정식으로 메틸수은화합물 중독에 의한 중추신경계질환으로서 미나마타병을 인정한 것은 1968년 9월, 첫 학계 보고 후 무려 12년 만의 일이었다.

또한 우리에게 유명한 환경성 질환에는 '빌딩증후군'이 있다. 빌딩증후군building syndrome이란 사무실에서 오랜 시간 업무를 하다 집중력이 저하되고, 두통 또는 현기증이 느껴지는 현상을 말한다. 빌딩증후군의 원인은 공기다. 이산화탄소, 이산화질소 등 여러 입자들로 오염된 외부 공기가 실내로 유입되거나, 건축자재에 사용되는 휘발성 유기화합물(포름알데히드, 라돈가스 등)로 인해 내부 공기가 오염된다. 특히 포름알데히드가 증가하면 집중력 감퇴, 두통뿐만 아니라 안구질환, 피부질환, 호흡기나 신경계통에 영향을 주는 2차 질환까지 유발될 수 있다. 실내 공기가 오염됨에 따라 건물 안에서는 여러 이상 증상을 보이다가 건물 밖으로 나가면 증상이 없어진다고 해서 빌딩증후군으로 불린다.

이 증후군에 걸린 사람은 두통·현기증을 비롯해 충혈·인후자극·기관지염·천식·소화불량 등의 증상을 호소한다. 또한 작업능률 저하와 기억력·집중력 감퇴 등 정신적 피로를 야기한다. 몇 년 전 한양대학병원에서 조사한 바에 의하면 464명의 건물거주자 중 92%가

만성피로를 느끼고, 눈 충혈(69%), 어깨통증(68%), 현기증(64%), 목 아픔(62%), 기침(59%), 메스꺼움(52%) 등을 호소하기도 했다. 빌딩증후군은 밀폐된 건물에서 공기순환이 잘되지 않아 산소가 부족하고, 오염된 공기가 계속 내부 순환만 반복하기 때문이다. 또 실내온도와 습도 등이 우리 몸의 생리와 맞아떨어지지 않는 것도 이유가 될 수 있다.

1980년대 초 세계보건기구WHO에서 처음으로 이 명칭을 사용했으며, 의학계에서는 아직까지 정확한 진단 기준을 밝히지 못했다. 과거에는 알레르기를 일으키는 곰팡이 먼지나 담배연기에서 발생하는 일산화탄소 등이 실내공기 오염의 주범이었으나, 최근에는 오염원이 건축자재에서 방출되는 벤젠·포름알데히드·솔벤트 등의 화학물질과 냉방병을 일으키는 레지오넬라균 등 미생물 쪽으로 옮겨가고 있다. 그밖에 작업만족도, 작업장의 분위기, 개인적인 요소 등도 요인으로 작용하고 있다. 빌딩증후군을 완화하기 위해서는 2~3시간 간격으로 창문을 열어 실내를 환기시키고 공기 중에 떠 있는 벤젠 등 미세화학 물질을 흡수하는 수생식물을 배치하는 것이 효과적이다. 또한 균형 잡힌 영양 섭취와 적절한 휴식도 매우 중요하다.

우리나라 환경부는 2013년 12월 23일 '가습기 살균제에 사용된 화학물질로 인한 폐질환'을 환경성 질환의 종류에 추가하는 내용의 환경보건법 시행규칙 개정안을 입법 예고했다고 밝혔다. 이 시행규칙 개정은 관련 학계 전문가, 시민단체, 업계 관계자 등으로 이뤄진 환경보건법상 심의기구인 환경보건위원회가 최근 가습기 살균제 피해를 환경성 질환으로 인정하기로 최종 결정한 데 따른 것이다.

가습기 살균제 피해를 환경성 질환으로 인정하는 문제는 지난해 말에도 한차례 논의됐으나 환경보건위원회가 환경성 질환으로 볼 수 없다는 결론을 내려 무산된 바 있다. 환경보건법은 역학조사 등을 통해 환경 유해인자와 상관성이 있다고 인정되는 질환을 '환경성 질환'으로 지정해 사업자가 배상 책임을 지도록 하고 있다. 질환의 유해인자가 특정된 환경성 질환이 지정된 것은 '석면으로 인한 폐질환'에 이어 이번이 두 번째다. 다른 환경성 질환들은 '수질오염 물질로 인한 질환' '대기오염 물질과 관련된 호흡기 및 알레르기 질환' '환경오염 사고로 인한 건강장해' 등 포괄적으로 지정돼 있다. 환경부는 가습기 살균제 피해자들의 의료비 등을 정부 예산으로 신속하게 지원한 뒤 제조·유통 기업을 상대로 구상권을 행사할 계획이다.

환경부는 이와 별도로 가습기 살균제 피해자들에 대한 지속적인 관리와 의료 지원을 위해 환경보건센터를 지정하는 방안을 마련하고 업체를 상대로 한 피해자들의 소송도 지원하기로 했다. 또 환경부는 정부 예산이 확정된 뒤 내년 1월 중 피해자 대표들과 실무 간담회를 열어 구체적인 지원계획을 협의하고, 2월 중 이 계획을 고시할 방침이다. 환경부 관계자는 "관계 부처와 조율을 거쳤기 때문에 입법예고가 끝나는 대로 시행할 수 있을 것으로 본다. 가습기 살균제 피해가 환경성 질환으로 인정되면 피해자들이 업체를 상대로 소송을 진행할 때 다소 유리할 수 있을 것"이라고 말했다.

황사는 중국과 몽골 사막의 모래 먼지가 강력한 편서풍에 의해서 우리나라와 일본, 심한 경우에는 북미 지역에까지 날아가는 현상을 말한다. 황사는 사막과 바람이라는 자연환경에 의해서 생기는 자연현상으로 오래전부터 관찰되어 오던 현상이다. 그러나 중국의 산업화로 인하여 많은 양의 대기오염 물질이 배출되고, 이 배출된 대기오염 물질이 황사와 함께 우리나라로 이동하고 있어, 황사 자체가 가지는 미세먼지의 효과에 더하여 인위적 대기오염물질에 의한 건강영향이 부가적으로 생길 수 있어 더욱 문제가 되고 있다.

우리는 황사로 인해 호흡기 및 심장순환기 질환에 시달리고 있다. 2002년 황사 기간의 일별 사망률과 황사 기간이 아닌 대조 기간의 일별 사망률을 비교하면, 황사 기간 중 호흡기 질환에 의한 사망률이 대조 기간과 비교하여 36.5% 증가하는 것으로 나타났다. 황사는 천식의 증상 악화뿐만 아니라 입원율도 영향을 받아 황사 기간 천식으로 인한 입원율이 유의하게 증가했다. 천식으로 인한 입원 건수는 황사 발생일부터 황사 발생 2일 후까지가 대조일에 비하여 4.6~6.4% 높았다. 순환기 질환인 뇌졸중도 영향을 받는 것으로 나타났다. 뇌졸중으로 인한 입원 건수는 황사 발생 3일 후가 대조일에 비하여 3.7% 높았다.[32]

환경요인에 따른 질환별 질병부담 평가결과

(단위 : DALY/1,000명)

위험인자 / 질병 또는 위험	실외대기오염	실내대기오염	기후변화	수질관련위험요인	직업관련위험요인	소음	가정내위험요소	화학물질	야외활동	토양사용및건축환경	수자원관리	기타지역사회요소	방사선	기타	계
폐암	3.21	0.05			0.43										3.69
만성폐쇄성폐질환	2.41	0.96			0.52										3.89
천식	0.55	0.91			0.50										1.96
호흡기질환	0.61	0.91													1.53
주산기 상태 관련질환	0.03	0.01													0.05
심혈관질환	0.62				0.23										0.85
결핵					0.60										0.60
백내장		0.11			0.11										0.21
말라리아			0.01								0.02				0.02
설사			0.03	0.85											0.88
다른 비의도적 손상			0.00		0.00		0.00		0.00	0.00		0.00	0.00		0.01
신경정신장애					0.03									0.70	0.73
기타 암					0.00									2.65	2.65
사상충증 등 기타 매개체 감염질환			0.00												0.00
근골격계질환					0.19										0.19
교통사고					0.02					0.27					0.29
성병					0.00										0.00
사람면역결핍바이러스					0.00										0.00
B,C형 간염					0.01										0.01
선천성기형					0.01			0.01					0.01		0.03
영양실조			0.00	0.02											0.02
추락					0.00		0.00					0.00			0.01
익사					0.00				0.00						0.00
화재															0.00
중독								0.30							0.30
폭력							0.01								0.01
자살								0.01							0.01
계	7.43	2.95	0.04	0.87	2.67	0.00	0.01	0.32	0.00	0.27	0.02	0.00	0.01	3.35	17.96

출처 : 환경성 질병부담Environmental Burden of Disease 연구, 고려대학교 윤석준, 2008.9~2009.2

환경호르몬

환경호르몬Environmental Hormone은 우리 몸에서 정상적으로 만들어지는 물질이 아니라, 산업 활동을 통해 생성·분비되는 화합 물질을 말한다. 생물체에 흡수되면 내분비계 기능을 방해하는 유해한 물질로 알려져 있다. 환경호르몬은 1997년 5월 일본의 학자들이 NHK 방송에 출연하면서 "환경 중에 배출된 화학 물질이 생물체 내에 유입되어 마치 호르몬처럼 작용한다"고 이야기했던 것에서 유래된 용어다. 그 이후 환경호르몬은 생태계와 사람에게 나쁜 영향을 주는 물질로 알려지게 되었다. '환경호르몬'이란 말은 '환경'에 노출된 화학물질이 생체 내로 유입돼 마치 '호르몬'처럼 작용한다는 의미에서 만들어졌다. 학술적으로 널리 사용되는 용어는 내분비교란물질endocrine disruptor이다.

이러한 환경호르몬이 몸에 좋지 않다는 것은 이미 잘 알려진 사실이다. 그래서 환경호르몬의 영향을 받지 않기 위해 다양한 노력을 한다. 아이를 둔 가정에서는 각별하게 신경 쓰이는 문제이기도 하다. 왜냐하면 어렸을 때의 악영향이 성인이 되어서도 미치지 않길 바라기 때문이다.

미국 텍사스 오스틴 대학교The University of Texas at Austin와 워싱턴 주립대학교Washington State University의 공동연구팀은 학술지 '내분비학Journal Endocrinology'을 통해 동물실험을 진행한 결과를 발표했다. 그 연구팀은 증조부모가 빈클로졸린에 노출된 적이 있는 쥐들을 대상으로 3주간 매일 6시간씩 따뜻한 실린더 안에 가두는 실험을 진행했다. 인간으로 치면 청소년기에 해당하는, 발육상 민감한 시기의 쥐들을 대상으로 했다. 한 달 뒤 연구팀은 이 쥐들의 뇌 기능, 화학작용, 유전자 발현, 행동 등을 관찰하였다. 그 결과, 증손자 쥐들보다 증손녀 쥐들에게서 극단적으로 높은 코티코스테론의 수치가 확인되었다. 이는 인간에게서 분비되는 스트레스 호르몬인 코르티솔과 유사한 기능을 하는 호르몬이다. 더불어 증손녀 쥐들은 불안해하는 행동을 보였으며, 염려증과 연관이 있는 유전자의 발현이 두드러지게 나타났다. 즉, 증조부모 쥐들이 살진균제인 빈클로졸린에 노출되었을 경우 증손녀 쥐들이 스트레스에 취약하게 되는 것을 말한다.

이번 연구는 일생을 사는 수십 년 동안 꾸준히 환경호르몬에 노출되는 사람들에게 의미하는 바가 많다. 단순히 환경호르몬에 노출되면서 다양한 질환의 위험률이 높아지는 것뿐만 아니라, 이것이 세대를 거치면서 지속적으로 전달된다는 점에서 주목해야 하기 때문이다.[33]

하지만 최근 환경호르몬이 단순히 한 사람의 생애에 걸쳐서만 영향을 미치는 것이 아니라, 세대를 넘어 다음 세대까지 영향을 미친다는 사실이 밝혀졌다. 즉, 임산부의 체내에 쌓인 환경호르몬은 뱃속 태아에게 그대로 전달되며 이것이 다음 세대까지 영향을 미친다는 것이다.

환경호르몬의 종류와 발생지

종류		함유물질 혹은 발생장소
다이옥신류	PCDDs, PCDFs	쓰레기소각장 등 각종 연소시설
	PCBs	변압기의 절연유, 금속세정제 등
알킬페놀류		가정·산업용 각종 세제, 페인트, 제초제, 의류 등
비스페놀A		식품·음료수의 포장지 및 용기 내부 등
프탈레이트류	DEHP	PVC 제품(식품용기, 음료수병, 의료용품, 바닥재, 장판, 건축자재 등)
	DEP	화장품, 방향제 등
	DBP	화장품, 헤어스프레이, 모발염색제, 프린트잉크, 접착제 등
	DINP	장난감, 잉크, 접착제, 페인트 등
PBDE 등 난연제(難燃劑)		플라스틱이나 섬유를 원료로 한 각종 제품(TV, 컴퓨터 등 가전제품, 건축자재, 실내장식재 등)
PFOS 등		반도체, 페인트, 접착제, 인화용지 등 제조할 때 첨가
DEHA		PVC 제품(식품용기, 음료수병, 의료용품, 바닥재, 장판, 건축자재 등)

자료: 여성환경연대 등

이러한 환경호르몬의 종류는 광범위하다. 1990년대 들어 본격적으로 환경 호르몬의 위해성을 지적하기 시작한 세계야생보호기금WWF은 자연에 노출된 환경호르몬의 종류를 67종으로 선정했다. 이를 크게 농약류(43종)와 합성화합물류(24종) 두 종류로 구분할 수 있다. 농약류는 대부분 자연계에 오랫동안 잔류하는 특성을 가진 염소(Cl)를 포함한다. 보통 반감기가 2~12년인데, 최대 59년에 이르는 것도 있다. 대표적인 사례는 DDT로 1940년대 초 살충제로 사용돼 농업 생산을 크게 증가시키고 모기를 박멸해 학질이나 황열병으로부터 수백만 생명을 구했지만 여기저기서 피해가 속출하자 1970년대에 사용이 금지된 물질이다. 같은 시기에 알드린, 일드린, 클로르단과 같은 농약 역시 비슷한 이유로 사용이 금지됐다.

한편 합성화합물류는 농약류를 제외하고 각종 산업계에서 파생하는 유해화학물질을 일컫는다. 예를 들어 다이옥신은 제초제를 만들 때 부산물로 발생하거나, 소각장에서 피복 전선이나 페인트처럼 유기염소계 화합물을 태울 때 생성되는 대표적인 환경호르몬이다. 또 폴리염화비닐PCB은 전기나 열의 전달을 막는 절연유의 원료인데 변압기나 콘덴서를 비롯해 거의 전 공업 분야에 이용된다. 주로 산업폐수에서 많이 검출되며 한국에서도 오래전부터 낙동강을 오염시키는 주범으로 인식되는 물질이다. 이외에도 계면 활성제로 사용되는 페놀류나 선박의 도료로 사용되는 트리부틸주석TBT 등 다양한 종류가 있다. 그러나 67종이란 수는 현재까지 알려진 화학물질 중에서 색출된 것일 뿐이다. 매년 수십만 종이상의 화학물질이 실험실에서 합성되고 있기 때문에 자연계에 얼마나 많은 수가 존재하는지 아무도 모르는 실정이다. 또 학자에 따라서 환경호르몬의 종류는 다양하게 구분된다. 일본의 경우 독자적으로 환경호르몬을 1백 43종으로 선정했다. 미국은 주州마다 규제물질의 종류가 다양하다. 그래서 67종에서 제외된 수은이나 카드뮴 같은 중금속류가 환경호르몬에 포함되기도 한다. 이런 추세라면 앞으로 환경호르몬의 수가 얼마나 늘어날지 예측하기 어렵다.

국내의 경우 환경 호르몬에 대한 관심은 얼마 전 일본 젊은이들의 정자 수가 감소했다는 사실이 알려지면서 대폭 증가했다. 그러나 사실 정자 수가 줄어들었다는 점은 장기적으로 볼 때 하나의 에피소드에 불과할지 모른다. 보다 근원적인 문제는 생태계 자체가 교란되고 있다는 사실이다.

박정규 박사(한국환경정책평가연구원 책임연구원)는 "환경호르몬이 인간에 직접 영향을 미치는 사례에만 관심을 모아서는 안 된다"고 지적하며 "예를 들어 동물의 생식기능이 떨어지면 그 종은 머지않아 사멸될 것이고, 결국은 생태계의 혼란을 초래해 인간에게까지 악영향을 미칠 것"임을 강조한다. 현재와 같은 추세가 지속된다면 몇 세기 내에 대부분의 동물이 불임 상태에 빠질지도 모를 일이 아닌가. 그렇다면 무엇부터 시작해야 할까. 박정규 박사는 "우선 어떤 물질이 얼마나 존재하는지 기초적인 자료를 모으는 일이 시급하다"고 말한다. 국내에서 이런 데이터는 전무하다고 해도 과언이 아닌 상황이다. 이영순 교수(서울대 수의과대학)는 "특히 농약의 경우 한국은 국제 약효 시험장 수준에 이르렀다"고 지적한다.

환경호르몬으로 우려되는 물질

세계생태보전기금(WWF) 분류(67종)	일본 후생성의 분류(142종)
다이옥신류 등 유기염소물질 6종	프탈레이트류 등 가소제 9종
DDT 등 농약류 44종	플라스틱에 존재하는 물질 17종
펜타 – 노닐 페놀	다이옥신 등 산업장 및 환경오염물질 21종
비스페놀 A	농약류 75종
디에틸헥실프탈레이트 등 프탈레이트 8종	수은 등 중금속 3종
스티렌 다이머, 트리머	DES 등 합성 에스트로젠 8종
벤조피렌	식품 및 식품첨가물 3종
수은 등 중금속 3종	식물에 존재하는 에스트로젠 유사호르몬 6종

다른 화학물질에 비해 상대적으로 수입 규제 수준이 약한 탓에 숱한 외국 농약이 국내에서 사용되고 있기 때문이다. 따라서 어떤 농약이 얼마나 사용되고 있는지 정확히 아는 학자는 드물다. 자연이 인간에게 던지는 준엄한 '경고'를 차분히 받아들이고 꼼꼼하게 대책을 세우는 지혜를 모을 때다. 간단히 말하자면 진짜 호르몬인 것처럼 행동하거나 천연호르몬 활동을 방해한다. 호르몬은 생물의 성장, 생식, 그리고 행동을 비롯한 다양한 생리 작용에 영향을 미친다. 사람의 경우 현재까지 알려진 호르몬 종류는 1백여 종. 호르몬이 분비되는 장소는 뇌(송과선, 시상하부, 뇌하수체), 갑상선, 부갑상선, 흉선, 부신, 췌장, 생식소(정소와 난소) 등이다.

호르몬 분자는 혈액을 타고 목표 지점에 도착, 세포에 자극을 가한다. 이때 호르몬이 결합하는 부위는 세포 표면에 존재하는 수용체다. 호르몬과 수용체의 관계는 열쇠와 자물쇠(또는 요철)의 결합 관계와 유사하다. 호르몬의 특정 부위(열쇠)가 수용체(자물쇠)에 성공적으로 결합

▌환경호르몬의 작용 메커니즘

하면 이 신호가 세포 내 유전자에 도달해 유전자의 특정 부위를 활성화한다. 그 결과 몸에 필요한 단백질이 합성되어 생체의 생리작용을 돕는다. 일반적으로 한 세포에서 한 종류의 수용체는 1만 개 이상이다. 지금까지 알려진 수용체의 종류는 수백여 종에 이른다. 만일 환경호르몬이 수용체와 결합하면 세포 내 유전자는 비정상적인 활동을 벌인다.

환경호르몬은 어떤 과정을 거쳐 천연호르몬의 작용을 방해하는 것일까. 환경호르몬의 '방해공작'은 수많은 경로를 통해 이뤄지는데, 각 물질이 구체적으로 어떤 메커니즘을 통해 영향을 미치는지는 확실히 밝혀지지 않았다. 여기서는 현재까지 알려진 몇 가지 가설을 살펴보도록 하겠다.

환경호르몬은 크게 수용체와 붙은 채 영향을 미치는 경우와 분리된 채 작용하는 경우로 구분된다. 먼저 수용체와 붙은 경우를 살펴보자. 우선 어떤 이유에서인지 세포 수용체가 환경호르몬을 진짜인 줄 알고 감쪽같이 속는 사례를 들 수 있다. 이런 환경호르몬의 양이 증가하면 세포 유전자는 평소보다 과도하게 활동을 벌인다. 예를 들어 제노에스트로젠이라는 합성물질은 여성호르몬 에스트라디올과 거의 비슷하게 작용한다. 흔히 여성호르몬의 양이 지나치게 많아지면 유방암이나 자궁암에 걸릴 확률이 높아진다고 알려졌다. 환경호르몬이 많아질수록 암에 걸릴 가능성이 커진다는 의미다.

가장 유명한 사례는 한때 유산을 방지하는 약으로 제조되어 세계적으로 절찬리에 사용된 DES다. 불행하게도 DES를 투여한 산모로부터 출생한 자녀의 경우, 생식기의 기형화와 암 발생이 정상인보다 훨씬 높게 나타났다. 특히 태아의 뇌와 면역계에 평생 악영향을 미쳤다. 이에 비해 수용체와 결합하긴 하되 세포에 영향을 미치지 않고 단지 천연호르몬의 결합을 방해하는 경우가 있다(봉쇄설). 예를 들어 남성호르몬 테스토스테론이 붙을 자리에 DDE(제초제 DDT의 부산물질)가 결합하면 남성은 성징이 감소해 '여성화'된다. 이 때문에 미국 플로리다 주 아포프카 호수에 서식하는 악어 수컷의 경우 음경이 위축돼 번식률이 줄어들었다.

또 쓰레기 소각장의 유해 잔류물로 알려진 다이옥신의 경우 여성호르몬 에스트로젠의 작용을 억제한다고 알려졌다. 수용체에 결합한 환경호르몬이 똑같은 수용체를 세포 표면에 더 많이 만드는 경우도 있다. 세포로서는 무리하게 정상보다 훨씬 많은 자극을 받는 셈이다. 한편 환경호르몬이 수용체와 결합하지 않은 채 악영향을 미치는 상황이 존재한다. 천연호르몬은 자신의 기능을 다하면 생체에서 분해된다. 만일 이 분해 과정을 촉진시킨다면 천연호르몬은 미처 활동을 마치기 전에 사라지게 될 것이다. 다이옥신이나 폴리염화비닐PCB는 이런 과정을 거쳐 남성호르몬과 갑상선 호르몬, 그리고 인슐린의 혈중 농도를 떨어뜨린다고 알려졌다.

전자파와 인체

우리가 흔히 사용하는 전자파는 원래 전기자기파electromagnetic wave라는 말의 줄임말이다. 일반적으로 전기가 흐르게 되면 그 주변으로 전자기장electromagnetic field이라는 영역이 생긴다. 전자기장은 말 그대로 전자파가 미치는 영역이라고 생각하면 된다. 전기가 흐르는 주변엔 반드시 이 전자기장이 생긴다. 따라서 모든 전기제품의 주변에는 전자파가 존재하는 셈이다.

전자파는 극저주파(ELF: 0~1㎑)나 저주파(VLF: 1~500㎑)의 미약한 전자파에 장기간 노출될 경우 인체의 유해성에 관한 것으로 인체가 저주파에 장기간 노출되면 인체 내에 유도전류가 흐르게 되어 세포막 내외에 존재하는 Na+, K+, Cl- 등의 각종 이온의 흐름을 방해함으로써 호르몬 분비 및 면역체계에 이상을 초래하는 것으로 알려져 있다(비열적 효과). 그러나 고주파 전자파(마이크로파, X선 등)의 경우에는 과학적으로 열적효과의 유해성이 검증되었으며 각국에서는 인체 보호를 위하여 최대 노출 한계를 규정하고 있다.

전자파의 인체위해성 연구는 1970년대 말부터 계속되어왔다. 이 연구가 주목받는 이유는 정부가 송전선 전자파의 인체위험을 인식하고 안전보호지침을 만들었다는 점 때문이다. 1998년 6월 미국의 NIEHS국립환경보건연구소는 6년 동안 500억 원을 투입한 EMFRAPIDElectro-magnetic Force

Research and Public Information Dissemination 프로그램의 연구결과를 종합한 결론을 다음과 같이 도출하였다.[34]

- 60㎐와 같은 극저주파[ELF]의 전자파는 인체에 암을 유발시킬 가능성이 있다.
- 극저주파의 전자파에 노출된 아동은 백혈병 유발률이 높아질 제한적인 증거가 있다(26명 중 20명).
- 직업적으로 극저주파의 전자파에 노출된 근로자는 만성 임파성 백혈병[chronic lymphocytic leukemia: CLL] 유발률이 높아진다는 제한적인 증거가 있다(25명 중 14명).
- 직업적인 극저주파의 전자파 노출과 다른 암과의 관련성에 대한 증거는 불충분하다(25명 중 22명).
- 극저주파의 전자파 노출과 아동의 신경계암과의 관련성에 대한 증거는 불충분하다(25명 중 25명).
- 극저주파의 전자파 노출과 아동 임파종[lymphoma]과의 관련성에 대한 증거는 불충분하다(25명 중 25명).

전자기파가 눈에 일으키는 장해로 대표적인 것은 백내장이다. 마이크로웨이브가 눈에 조사[照射]되면 열작용으로 인해 안구 내의 렌즈 부분의 온도가 올라간다. 이때 41°C를 넘으면 눈에 불투명한 부분이 생기고 1~6일 동안의 잠복기를 거쳐 백내장이 생긴다. 즉 달걀의 흰자

위에 열을 가하면 투명했던 것이 불투명한 흰색으로 변화하는 것과 같이 단백질의 변성이 일어나게 된다.[35]

또한 전자기파에 의해 부신피질, 갑상선 등에서 호르몬 분비가 촉진되고 당질 대사에도 변화가 오는 것으로 알려져 있다. 이러한 현상이 나타나는 것은 마이크로웨이브가 시상하부에 열적 작용을 가하여 뇌하수체와 같이 내분비에 관여하는 기관을 자극하여 호르몬 분비를 유발하는 경우, 혹은 신체 속의 불균일한 열 분포로 말미암아 열 집중이 일어나 특정 기관에 직접 영향이 나타나는 경우 등이다.

이러한 마이크로웨이브의 효과에 관한 연구 결과가 발표된 적이 있는데, 여기에서는 판단력의 빈곤 또는 기동력의 상실과 같은 가벼운 형태변화도 궁극적으로는 해부학적 변화와 생명의 상실로 이어질 수 있음을 지적한 바 있다.[36] 전자파를 조사한 동물의 행동변화를 알아보는 실험은 그동안 많이 이루어졌다. 전자파에 의한 체온 상승이나 열 스트레스로 인해 행동에 변화가 초래된다는 사실은 이미 확립되어 있는 사실이다. 실험동물의 경우 직장直腸의 온도가 1°C 올라가면 행동에 변화가 오거나 행동을 중단하게 되며, 뇌의 온도가 42°C 가까이 되면 경련을 일으킨다. 체내 심부의 체온이 42~43°C에 이르면 죽을 수도 있다. 사람에게서는 약한 정도의 노출이 장기간 지속되면 신경쇠약을 초래한다는 보고가 나와 있다.[37]

생쥐에게 장기간 전자기파를 조사照射한 결과 임파구와 백혈구의 증가가 나타났고, 그중 일부에서는 백혈병이 생기기도 하였다. 또 고압의 전류가 흐르는 송전선 주위에 사는 어린이들은 다른 지역에 사는 어린이들에 비해 백혈병의 발병률이 높은 것으로 조사된 결과도 있다. 어린이뿐 아니라 전기기술자들을 대상으로 한 연구에서도 이들의 백혈병 발병률이 일반인에 비해 높다는 사실이 나타났다.

1995년 미국 국립방사선방호학회는 송전탑 전자파에 장기간 노출될 경우 소아백혈병에 걸릴 위험이 커지므로 전기장에 의한 인체보호기준을 설정할 것을 각국에 권고했다. 이후 미국의 캘리포니아, 브랜트우드 및 얼바인 지역에서는 전자파에 한계치를 두는 규정을 만들었고, 독일, 스위스, 이탈리아, 이스라엘 등에서도 전자파에 대한 인체보호기준을 설정했다. 이들 국가에서는 학교·유치원·신설주택 등에 송전선 전자파를 제한하고, 이격 거리를 설정하는 등의 노력을 펼쳐왔다.

스웨덴의 카롤린스카 연구소는 1810년에 설립된 의과대학 겸 연구기관이다. 이 연구소는 1885년 노벨의 요청에 따라 노벨 생리학상 및 의학상 수여기관으로 지명되었고, 1901년 이후로 매년 노벨상 수상자를 심사·선정해 오고 있다. 그런데 1993년 이 기관에서 연구해온 두 사람의 학자가 아주 놀라운 사실을 발표했다.

송전선 인근 300m 이내에 거주하는 16세 이하 아동들의 백혈병 발병률이 1.5배에서 3.8배 더 높다는 것이다. 이 연구결과가 발표되자 스웨덴 국민과 언론은 뜨거운 관심을 가졌고, 세계 각국의 과학자들이 이 결과를 주목했다. 그리고 스웨덴 정부는 1994년 매우 중대한 발표를 하게 된다. 송전선 전자파에 노출되는데 주의를 기울여야 할 충분한 이유가 있으며, 발전소 및 변전소 인근에 새로운 학교나 주택 신축을 억제하고, 가정·학교 및 작업장에서도 높은 자기장의 발생을 최대한 억제하겠다는 것이다.

그렇다면 우리나라는 어떠한가? 우리나라에서 전자파에 대한 관심이 높아진 것은 2002년 세계보건기구가 송전탑 등에서 발생하는 극저주파를 '인체 발암 가능 물질'로 지정하면서부터다. 그러나 언론에 잠시 보도되는 정도였고, 국민적 관심사로 지속되지는 못했다. 한국전력의 송전선 설치를 반대하는 지역주민들의 반대도 지역이기주의로 매도되거나, 매우 지엽적인 사안으로만 여겨져 왔다. 그러다 최근 한국전력이 765kV 송전탑 건설문제로 밀양 어르신들의 강경한 반대에 부딪히자 다시금 언론의 주목을 받게 되었다.

송전탑 반대를 님비현상[38]으로 보기에는 문제가 있다. 2009년부터 2012년까지 우리나라에는 매년 평균 421c-km^{서키트 킬로미터}의 송전선로가 설치되었으며, 460개의 송전탑이 세워졌다. 그리고 이로 인한 민원만 하더라도 총 183건에 이른다. 5차 전력수급기본계획에 따르면 송전선과 송전탑은 2024년까지는 2012년 대비 약 19%나 증가될 계획이라 한다. 특히 전력사용량이 증가함에 따라 송전선으로 보내야할

전력용량도 점점 늘어나고 있다. 154kV에서 345kV로, 345kV에서 765kV로 전압비중이 점점 높아지고 있다. 전압비중이 높아지면 전자파 발생량도 그만큼 높아진다. 이제 고압 송전선로 전자파는 남의 일이 아니라 나의 일이 될 수도 있다. 그리고 한전은 생활가전제품을 예로 들어 송전선 전자파는 안전하다고 이야기한다. 그러나 2013년 7월 한국전파연구원이 발표한 바에 따르면, 생활 가전제품의 경우 일정한 거리를 유지하면 전자파는 10분의 1 이상 줄어든다. 한국 전력이 근거로 든 냉장고 역시 30㎝ 거리에서 전자파가 0.02mG로 줄어드는 것으로 나왔다.

사실 1993년 전자파의 인체 위해성이 발표될 당시 스웨덴 사회에서도 논란이 없었던 것은 아니다. 그러나 스웨덴 정부는 1990년 이후 에너지 관련 시설과 신축 건물에 이격 거리를 설정하였으며, 초등학교와 유치원을 건축할 때에는 2mG에서 3mG를 초과하지 않도록 권고치를 설정하였다. 또한 인근의 고압선로 및 송전탑을 철거하고 시설을 이전하도록 하였다. 그러나 우리나라는 여전히 국제비전리 방사선보호위원회가 단기간 고노출 영향으로 제시하였던 833mG의 기준치를 일괄 적용하고 있다.

사실 송전선에 의한 전자파의 인체영향에 대해서는 필자 역시 확실한 결론을 짓고 있지 못하다. 많은 환경보건문제가 그러하듯이 이 문제 역시 명확한 결론을 내기 어렵기 때문이다. 그러나 중요한 것은 사람을 바라보는 사회의 시선이다. 스웨덴을 비롯한 선진국들은 비록 과학적으로 확실히 증명되지 않더라도 국민건강과 관련된 내용에 대해서는 필요한 조치를 취해야 한다는 사전예방의 원칙을 따르고 있다. 그러나 우리나라는 정부가 국민안전에 만전을 기하겠다고 하면서도 늘 이런 문제 앞에서는 후진적인 처사를 보이고 있는 것이다. 사실 최근의 밀양시 송전탑 건설 문제 역시 마찬가지다.

한전은 공사 재개에 대한 호소문을 내걸며 "밀양 주민의 반대 의사를 존중하면서도 송전선로를 건설해야 하는 불가피한 상황에 놓여있다"고 밝혔다. 이어 "횃불을 밝히며 야간 공사를 해서라도 올 12월 신고리원전 3호기에서 생산된 전기를 가정과 일터로 차질 없이 내보낼 수 있도록 765kV 신고리-북경남 송전선로 건설 공사에 최선을 다하겠다"고 강조했다.

● 송전선로 거리별 전자계 측정치 (단위:μT)

구분	직하	20m	40m	60m	80m	100m
345kV	2.8	1.42	0.45	0.176	0.0084	0.046
154kV	1.4	0.47	0.11	0.0039	0.0170	0.0094
22.9kV	0.28	0.078	0.024	0.011	0.0066	0.0043

● 가전제품 자계 측정값

구분	자계(μT) 0 10 20 30 40 50 60 70 83.3	측정체(μT)
헤어드라이어 (15cm)		70
전기면도기 (15cm)		50
청소기 (20cm)		20
전자레인지 (30cm)		20
세탁기 (30cm)		10
전기담요 (5cm)		4
송전선 (지상1m)		9.09
국제기준		200

자료: 미국 국립환경 건강과학연구소(NIESH)

● 전자계 국내 연구현황

연구과제	연구기간	연구기관	연구결과
양의 면역체계에 미치는 영향 연구 -500kV 송전선 직하 양 사육	1996년 3월~1999년 3월 (3년간)	미국 EPRI 전력연구원	영향 없음
임신된 쥐의 생식에 미치는 영향연구	1999년 8월~2002년 8월 (3년간)	한국전기연구원 한국화학연구소	영향 없음
학교주변 전자계 노출량 조사 -송전선 근접한 113개 학교조사	2003년 7월~2004년 5월 (11개월)	대한전기학회	국제기준 2.4%수준 매우 낮음
송전선로 전자계 뇌암 촉진효과연구	2003년 ~ 2006년 (3년간)	한국전기연구원 안전성연구원	영향없음
학교주변 전자계 청소년 건강영향 연구 -청소년 자계노출 내부비장애 분석	2006년 9월~2007년 9월 (1년간)	대한전기학회	국제기준 0.8%수준 건강 영향 없음
전자계 안전성평가 및 저감기술개발 -역학연구, 쥐의 생체영향	2002년 9월~2008년 8월 (6년간)	지경부 주관 한국전기연구원 서울대의대 등	영향 없음
전력설비 전자계 영향분석 및 관리계획 수립 -송전선 주변지역 암유병율 조사 -세포에 미치는 전자계영향 연구	2008년 11월~2013년 10월 (5년간)	지경부 주관 한국전기연구원 원자력의학원 등	진행 중

▌송전탑과 인체(출처: http://www.etnews.com/201310230238)

송전탑 건설은 4개월이 걸리는데, 신고리 3호기의 시험운전 기간 까지 감안하면 지금 당장 공사를 재개해야 피해를 줄일 수 있다는 설명 이다. 송전탑 건설이 안 될 경우 하루 증발되는 금액만 50억 원이다. 공사가 중단된 것은 900여 일 전. 송전탑 설치로 인한 외관상 문제와 땅값 하락 등이 주민 반대를 불러일으켰다. 자신의 땅에 송전탑이 들어 서는 것을 반대하던 한 주민이 분신자살을 하면서 사태는 더욱 악화됐 다. 밀양은 '약자'가 됐다. 주민들은 국회 증언 대회를 열어 "제발 우리 를 도와 달라"고 눈물로 호소했다. "우리는 보상을 바라지 않는다. 살 던 대로 살게 해 달라"고도 했다. 지역의 신부, 수녀회 등 종교단체도 주민 입장에 섰다. 주민 반대가 거세지자 정부는 공사를 중지하고 설득 에 들어갔다. 밀양에 특별대책본부를 꾸리고, 최근에는 밀양 주민들이 제시했던 △송전선로 주변 지역의 설비 존속기간 매년 24억 원 지원

△선로 주변 토지가치 하 락 보상을 34m에서 94m 로 확대하는 지원사업 입 법화 △지역 특수보상사업 비 125억에서 40억 증액 등을 포함한 13가지 보상 안을 내놓기도 했다. 상황 이 이렇게 되자 타 지역을

밀양 송전탑 건설사업
━ 공사 완료(송전탑 109기)
┈ 주민 갈등 구간(52기)
신고리-북경남 고압송전선로 : 총 90.5km(송전탑 161기)
북경남 변전소
상동면
창녕군 청도면 단장면 울산
부북면 산외면
밀양시 양산시 울주군
기장군
신고리 원전
부산
자료/한국전력
연합뉴스

▌밀양 송전탑 사업

중심으로 밀양의 '님비현상'을 지적하는 목소리가 나오기 시작했다. 밀양에 흐르는 전기 역시 다른 지역에 세워진 송전탑을 통해 이어지는 것이기 때문이다. 삼천포 발전소에서 생산한 전기는 인근 송전탑을 통해 신김해변전소(345kV)로, 다시 밀양변전소(154KV)와 초동변전소(154kV)로 이어진다.

이 과정에서 발전 전기는 신김해, 북부산, 신울산, 울주 지역에 설치된 송전탑을 거쳐 밀양으로 들어간다. 밀양 주민들의 전력사용량은 올 2월 기준으로 영남지역 총 사용량의 5%에 해당하는 114GWh를 기록하고 있다. "다른 지역 송전탑을 통해 끌어들여 온 전기는 쓰면서, 내 지역의 송전탑 건설은 안 되겠다"는 것이니, 엄밀히 말하면 님비현상의 전형이다. 이계삼 밀양 765kv 송전탑 반대대책위원회 사무국장은 "우리가 쓰고 있는 전기에 대해선 굳이 말을 할 필요는 없다"고 했다.

밀양 지역에 설치하려는 765kV용 송전탑의 경우 그 규모가 다르지 않느냐는 반문이 나올 수도 있다. 실제 철탑 높이는 93m, 부지면적은 550㎡를 차지해 154kV용 송전탑과 비교하면 각각 3배, 4배 크다. 그러나 철탑 간 거리를 보면 765kV는 500m, 154kV는 300m마다 한 대씩 들어간다. 전자계는 인체에 축적되지 않는 데다, 지면으로부터 거리가 멀수록 자계 세기가 급격히 감소한다는 점도 고려해야 한다.

독일에 유명한 여성철학자 한나 아렌트는 『예루살렘의 아이히만』을 통해 '악의 평범성'이라는 개념을 제시했다. '악의 평범성'이란 나치치하의 성실하고 근면한 독일국민들처럼, 잘못된 시스템에 충실히 봉사하는 것이 누군가에게는 폭력과 상처가 될 수 있다는 개념이다. 그리고 이렇게 악이 평범해지는 근본원인은 사유하지 않음에서 나온다. 전기를 쓰지 말자는 게 아니다. 다만 내가 쓰는 전기가 누군가의 희생을 바탕으로 생산되고 있다는 것을 생각했으면 한다. 그러면 최소한 무심코 낭비하는 전력소비도 줄이고, 더 인간적인 에너지시스템으로 가는 길도 생각해 보지 않을까?

제3장

동남아시아의 역사와 문화

왜 아시아인가?

지금은 이민과 이주의 시대다.

과거에도 있었던 이주는 세계화라는 격변 속에서 더욱더 많은 사람들이 경제적 이유 등으로 이주하고 있다. 과거 산업화 과정에서 70년대의 독일의 광부, 간호사 그리고 중동 국가로 간 노동자들을 생각해 볼 때, 우리도 대규모 이주 송출국이었다. 하지만 지금의 우리나라는 이주민들을 받아들이는 대표적인 나라가 되었다.

현재 우리나라는 이주민 130만 명 이상, 정확히는 2010년 기준으로 120만 명의 시대다. 인구의 2%가 넘는 이주민이 어울려 사는 우리는 다문화사회다. 그러나 이주민들이 함께 살아가는 이곳은 사회 곳곳에서 파열음이 발생하고 있다. 국제결혼 가정에서 문화적 충돌 문제, 노동 현장에서 이주 노동자들에 대한 차별과 무시, 길거리에서 만나는 이주민, 특히 흑인 계통의 이주민들을 잠재적인 범죄집단으로 취급하는 시선들이 아직도 남아있는 실정이다. 다문화 사회란 다양한 문화를 이해하고 존중하는 사회다. 공식적으로는 우리가 다문화 사회에 돌입했다고 말하면서 정작 이것이 우리의 삶 속에서는 수많은 편견들로 그리고 차별과 무시로 나타나고 있다.

우리 한국도 아시아의 국가다. 아시아의 한 부분인 한국은 사실 지역적으로는 아시아일지 몰라도 가치는 서구의 그것을 가진 나라다. 우리나라가 아시아를 바라보는 시각은 서구의 시각과 같다. 우리는 급속한 산업화 과정에서 롤모델을 서구, 즉 미국으로 삼았다. 아시아는 극복의 대상이었고 서구는 우리의 지향점이었다. 아시아는 미발전, 저개발, 빈곤 등과 등치되었고, 서구는 그 반대였다. 그렇기 때문에 아시아를 바라보는 우리의 시선은 아시아를 침략하던 서구의 시각이라고 할 수 있다. 아시아를 말하는 것은 서구의 시각을 거부하는 것이다. 오랜 식민의 역사 속에서 서구의 시각으로만 읽혀 왔던 아시아를 이제는 새로운 시각에서 이해해야 한다. 우리가 아시아인으로써 아시아에서 살기 위해, 그리고 우리 사회의 이주민들을 진정 이해하기 위해 아시아에 대한 오해와 편견을 극복해야만 하는 것이다.

우리나라 경제성장에 따른 경제적 진출 대상으로서의 아시아에

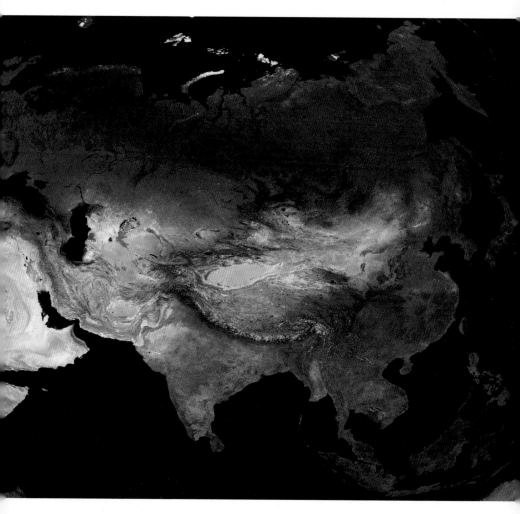

▌아시아(출처: 위키피디아)

대한 관심, 한류와 같은 문화 현상을 보면서 느끼는 공통의 문화적 공간으로서의 아시아에 대한 관심, 35%가 넘는 한국 남성이 아시아 여성과 결혼하는 새로운 현실이 동반하는 충격과 관심, 다수의 외국인 노동자의 국내 취업으로 인한 우리 사회 속의 아시아에 대한 관심 등이 요구된다. 이런 점에서 최근 한국 사회는 어떻게 아시아와 관계 맺기를 할 것인가, 나아가 아시아에 대한 재인식 속에서 어떻게 자신의 정체성을 재구성할까 하는 새로운 도전에 직면하고 있다.

　아시아 국가들이 걸어온 길은 저마다 달랐다. 그러나 소수의 국가를 제외한 대부분의 국가는 서구에 의한 식민의 역사를 가지고 있다. 아시아의 역사는 식민의 역사를 제외하고는 설명할 수 없다. 이는 현재의 정치 사회 문화 현상을 설명할 때도 마찬가지다. 즉 식민의 역사는 끝났지만 그 잔재는 깊숙이 남아 있고 현재를 있게 하기도 한다. 특히 우리가 자세히 바라볼 동남아시아의 경우 대부분의 국가가 서구의 식민지였고, 이것은 동남아시아의 근현대사가 형성되는 과정에서 정치, 경제, 사회, 문화 등 모든 분야에 큰 영향을 미쳤다. 동남아시아의 절대 군주 체제는 식민지 시대에 소개된 서구식 의회 민주주의로 대체되었고, 서구 자본은 자급자족하던 벼농사를 상업 작물을 생산하는 플랜테이션을 도입하는 등 동남아시아의 농촌 사회의 모습을 바꾸어 놓았다. 그리고 함께 전파된 기독교, 서양의 의식주와 대중문화도 동남아시아 사회 곳곳에 깊이 배어 있다.

서구는 식민화를 정당화시키기 위해 아시아 등을 미개 문명으로 바꾸어 놓았다. 자신들의 발전한 문화를 이식해야 하는 대상으로 삼기 위해 아시아의 다양하고 역동적인 문화 등은 무시해야 했다. 세계사의 시작은 서구인들의 침략으로 시작되지 않았던가? 침략의 역사를 통해 써내려간 세계사를 우리는 지금도 배우고 있다. 신항로의 개척에서 우리는 진취적인 서구문명을 본다. 서구의 시민 혁명에서 인권과 민주주의를 배운다. 여기에는 침략과 차별과 파괴의 역사는 없다. 서구는 이상향이다.

베트남의 종교와 유적지

베트남[39]의 종교는 불교, 기독교(로마 가톨릭교회, 개신교) 등이 있다. 베트남은 대승불교권 국가다. 그 외에 까오다이교와 호아하오교 같은 신흥 종교도 있다. 까오다이교는 1926년 베트남 남부의 터이닝에서 응오반쩨우에 의해 창시된 불교와 기독교, 토속신앙이 혼합된 유일신 사상이며, 호아하오교는 베트남 남부에서 기원한 불교에 바탕을 둔 신흥 종교다. 이것은 1939년 후인 푸 소가 창시하였다. 발원지인 메콩 강 삼각주 지역을 중심으로 대략 200만 명의 신자가 있다고 추산된다. 베트남은 과거에는 종교의 자유가 없었지만 예로부터 베트남에서 가장 많이 믿는 종교가 중국, 인도의 영향을 받은 불교였기 때문에 불교나 유교만은 탄압하지 못했다. 현재는 제한적인 종교 활동은 허용되고 있는데, 집회는 사전 신고를 하여야 하고 선교는 불법이다. 이는 공산주의 국가의 종교 정책이 탄압 정책에서 종교를 실용적으로 활용하는 실용 정책으로 변경되었기 때문이다. 하지만 실질적으로 베트남의 많은 문화유적을 이해하기 위해서는 힌두교를 이해하거나 알아야만 한다.

사실 힌두교는 기독교와 이슬람교 다음 가는 세계의 큰 종교다(신자 수는 2005년 9억4천만 명). 힌두교의 발생은 고대 인도의 종교 사상인 베다에서 비롯되며, 베다의 사상은 기원전 1500년 이전으로 거슬러 올라간다. 베다는 종교로서 그리고 글로서 오늘날 남겨진 문학 가운데 가장 오래된 것으로 여겨지고 있다. 힌두교는 여러 신들의 존재를 부정하지 않는 다신교적 일신교(택일신교 또는 일신숭배)로서, 교주敎主 즉 특정한

■리그베다

종교적 창시자가 없는 것이 특징이다. '힌두'라는 용어는 옛적에 페르시아인들이 인도인을 '신두'라고 부른 데서 유래되었다. 그들의 사상은 고대 인도시대부터 전해 내려오는 '베다 사상'이 근간을 이루고 있다.

힌두교는 본래 전통 민간 사상을 계승한 매우 다양한 다신교적 성격이 강하다. 힌두교를 흔히 하나의 '생활방식'이라고 하는데 이는 모든 신도들의 생활방식 전반을 장악하여 종교와 사회생활을 구별하기가 힘들 정도로 혼재되어 있기 때문이다. 이 종교는 신도가 되고 싶어도 아무나 신도가 될 수 없다. 그들의 생활방식과 가치관을 완전히 흡수할 수 있어야 하고 반드시 양 부모 중 한쪽 사람이 힌두교도여야만 신자가 될 수 있다. 그리고 자기가 갖고 태어난 신분은 평생 변경이 불가능한 자신의 운명인 것이다. 힌두교는 창시자나 탄생 시기가 모호하고 성경과 같은 경전이 없으며 초보적인 주술적 원시 신앙에서 고등사상의 형이상학 사상까지 내재하고 있어 이해하기가 매우 복잡한 종교 이론을 갖고 있다. 종교의 특징은 특별히 예배를 보는 의식도 없고 이단이라 하여 분파되어 박해나 분쟁을 사하지도 않는다.

힌두를 믿는 세계에서는 브라만, 크샤트리아, 바이샤, 수드라는 엄격한 신분을 태어날 때부터 죽을 때까지 갖고 가며 기본적인 사상은 윤회며 업業을 갖고 태어나 해탈의 길로 가는 속세에서 지극히 도덕적인 삶을 중시하는 종교다.

힌두교의 대표적인 신은 다음과 같다. 우선되는 신은 브라마다. 브라마 신은 태초에 대우주를 창조한 '창조의 신'으로 일컬어지며 신상의 특징은 4개의 얼굴과 4개의 손에 머리를 틀어올리고 뾰족한 수염을 기르고 명상을 하는 모습이다. 특히 4개의 손에는 물항아리, 활, 작은 막대기, 베다 성전을 들고 있다. 흔히 창조의 신은 과거에 우주를 창조하고 더는 창조를 하지 않는 형태이므로 일반인들은 따르지 않고 주로 왕족인 최상위 계층에서 믿고 있는 종교라고 한다. 힌두교인들은 여신으로 사라스바티라는 신을 믿고 있다.

두 번째 신은 비슈누이다. 비슈누 신은 이미 창조된 '우주의 보존자 신'으로 언제나 자애로우며 세상을 평화롭게 유지하고 진리와 정의를 실현시키게 하는 신이며 인간 세상이 혼란스럽고 타락하여 멸망하려 할 때 세상에 발현하여 세상을 구한다는 신이다. 비슈누 신은 인간 세상이 타락할 때마다 물고기, 거북이, 멧돼지로 형상화하여 발현하였으며 9번째 발현에 와서 부처님으로 화하여 나타났다는 믿음을 갖고 있으며 앞으로 인간 세상의 미래가 타락하여 멸망의 길로 인도된다면 또다시 10번째로 인간 세상에 발현하여 인간을 구도한다는 신앙이다. 그 형태는 검푸른 얼굴에 왕관을 쓰고 있으며 4개의 팔을 갖고 있는데 힘을 상징하는 원반과 철퇴 그리고 주술적 의미의 나팔과 연꽃을 가지고 있다. 비슈누 신은 뱀의 똬리에서 잠을 자며 물 위를 걷고 이동할 때는 거대한 가루다새를 타고 움직인다. 비슈누 신은 신분제 사회에서 왕족 다음의 귀족층에서 많이 믿고 있다.

마지막 신은 시바 신이다. 시바 신은 '파괴의 신'이라 불리는데 기존의 우주를 파괴하여 미래에 새로운 세계를 창조시키는 신이다. '시바'라는 뜻은 산스크리트어로 친절함, 상냥함의 의미이고 비슈누 신 신앙에서 660번째로 세상에 발현하여 세상을 구도하였다는 신이다. 시바 신앙의 근간은 윤회사상이며 세상에서의 고행, 수행, 업을 쌓아 수행을 통하여 새로운 세계에서 맞을 수 있는 새 희망을 중요시하는 신앙이다.

▌시바 신

시바 신의 형태는 목과 팔에 염주와 코브라를 간직하고 있으며 얼굴 양 눈 사이에 세 번째 눈이 있는데 이는 지혜와 직관을 보는 눈이며 단지 실형의 사물만 보이는 2개의 실제 눈과는 다르다. 이 지혜의 눈은 욕망을 모두 태워 재로 만들 수 있으며 마침내 시바 신의 지혜의 눈이 뜨는 날에는 세상의 멸망이 온다고 믿는다. 시바 신은 파란 목을 갖고 있는데 이는 비슈누 신이 목을 잡고 강제로 날아다니게 한 자국이라 하며 우주의 대양을 건너온 자국이라 한다. 시바 신은 욕망을 태운 재로 항시 그의 몸을 더럽히게 한다.

미선^{myson} 유적지

미선 유적지는 오랫동안 역사적인 기간에 지난 참파^{Champa}왕국[40]의 정치, 종교, 문화 가치를 유지한다. 미선 유적은 4세기부터 13세기의 정치, 정신생활에 대한 독특한 건축물이다. 이것은 유네스코 세계 문화유산이며 신통력이 있는 유치 및 자연으로써 거센 전쟁의 시간동안 유적지들을 보존할 수 있다. 미선 유적지의 위치는 참파왕국의 왕도인 심하보라(짜큐지역)에서 서북쪽 산악지대로 약 20여 km 지점에서 마하파르바타 산 자락 아래 작은 분지에 설립된 참파왕국의 역대 왕들이 시바 신의 제례의식을 행하였던 힌두교 신전이었다. 가장 동쪽 끝자락 호이안 - 왕도인 심하보라 - 성지인 마하파르바타 산과 일직선으로 연결되어 있어 분지에 건축되는 모든 신전들도 동에서 시작하여 제1건물 정심실-제2건물 정화문-제3건물 신전으로 이루어져 있다. 마하파르바타 산은 완전한 삼각형의 형태를 띠고 있어 인도의 카알라 산과 비슷하여 시바 신의 밑에 분지에는 심하보라를 휘두르고 흐르는 투본 강의 발원지인 성스런 계곡 물이 흐르는 분지가 발달되어 있다. 이 분지는 여성 대지와 달, 음을 뜻하는 것이다. 이러한 위치에 참파왕국 시기 AD 4세기에 최초로 목조신전을 건립하여 성전으로 이용되면서 후대 왕대에도 성전을 계속적으로 건립하였으며 7세기까지는 목조로 성전을 건축하였다.

▍myson 유적지

현재 미선 유적지에 보존되어 있는 신전은 AD 7세기부터 14세기까지 건축된 건물인데 14세기경 북쪽 베트남족의 침입으로 수도를 남쪽 아래 지역으로 남하하면서 신전이 폐쇄되고 그 후 참파왕족이 멸망하여 신전은 세상에서 사라지고 정글 속에 400여 년 묻혀 있다가 1895년 프랑스 역사학자에 의하여 발견되었다. 최초로 발견되었을 당시에는 70개의 신전 건축물이 보존되어 있었으나 미국과의 베트남전쟁 당시 미군의 폭격으로 가장 웅대한 건축물 대부분이 파괴되고 현재 20개의 건축물만이 보존되고 있다.

참파왕국의 신전이 오랫동안 폐쇄된 이유는 참파왕국은 완벽한 힌두교의 신분사회이므로 왕족과 일반인들은 완벽히 이격되어 있어 왕의 수도가 이전된 이후 그 누구도 왕의 신전에 출입할 수 없었고 왕들은 이전된 왕도 근처에 새로운 신전을 건립하여 이용하고 미선 유적지는 그대로 정글 속에 방치하고 왕족과 민족이 소멸되면서 더욱 정글화되었기 때문이다. 미선 유적지는 베트남 중부지방에 AD 2세기부터 인도계통의 말레이민족이 정착하여 16세기까지 약 1,400년에 걸쳐 살면서 융성했던 참파민족 13대 왕조가 7개 지역에 신전을 건립하여 제례에 사용하였던 성지다. 미선 유적지는 본래 4세기에 최초로 건립되어 이후 14세기까지 약 1,000년 이상 참파왕조의 신들이 살고 있는 신성한 장소였다.

7세기까지는 목조로 건립되어 현재까지 보존되어 오는 건축물은

▌ 베트남 유적지

남아 있지 않고 이후 석재기초 위에 고온에서 열처리하여 제조한 황토 벽돌을 사용하여 벽체를 건축하였다. 작은 벽돌을 쌓으며 벽돌과 벽돌 사이에 접착제를 사용하였는데 지금까지도 접착제의 원료가 정확히 규명되지 않는 불가사의로 남아 있어 파괴된 성전을 복구하는 데 상당한 어려움을 겪고 있다. 단지 그 당시에 희귀하게 자생했던 목재의 수지를 혼합하여 사용하였다는 것으로만 추측하고 있다. 완벽한 성전 건축기술은 작은 벽돌을 쌓아 올려 지은 건축물임에도 불구하고 전쟁으로 파괴되지 않은 부분은 현재 1,000년 이상을 오늘날 건축한 것처럼 깨끗하게 보존되어 오고 있다.

11세기 이후에 참파왕국의 비약적으로 발전하여 세계 여러 나라와

▌베트남 유적지와 관광객

무역을 하면서 신전의 건축물 양식도 중국식, 인도식, 유럽의 그리스 신전 건축물 양식을 따랐고, 또한 회교식과 불교식 등도 함께 혼재되어 있다. 그중 현재는 일부 석재 조형물들이 남아있다.

신전의 건축형태는 요니ﷺ의 형태로 바닥을 형성하여 거대한 석재를 사용하여 기초와 출입문 주위, 계단을 튼튼히 건축한 이후 황토 벽돌을 기묘한 접착제를 사용하여 유선형 형태로 쌓아 올라가는데 이는 링가ﷺ의 형태를 띠고 있다. 즉 이는 신전 자체가 음양의 결합을 상징하고 있는 것이다. 벽체 외부는 건축물 완성 이후 벽체를 깎아내어 힌두의 신상들을 조각하였다. 그리고 벽체와 상부는 창문을 내지 않아 빛이 들어오지 않는 캄캄한 어둠의 방으로 되어 있다. 그리하여 참파민족의 신전을 그들 스스로 '좁은 어둠의 신전'이라 일컬었다. 대우주의 공간은 항시 어두우며 음양의 결합은 어두운 데서 이루어지기 때문이기도 하다.

미선 유적지의 성전은 즉 참파민족의 수도가 남쪽으로 남하하기 이전까지는 3개의 성전을 직선 형태로 건축하였는데 이에 첫 번째 신전을 정심실, 두 번째 신전을 정화문과 정화수대, 세 번째 신전을 어둠의 신전이라 하여 신전의 본전이며 링가ﷺ과 요니ﷺ가 결합한 형상의 신상을 모셨다.

미선 유적지의 성지는 일반 백성을 위한 다중의 신전이 아니고 왕과 왕의 가족들만의 신전이어서 오직 그들만이 참석하여 제례의식을 가졌고 성지의 출입도 일반인들은 불가능하였다. 이는 힌두교 사회가 엄격한 신분제 사회이기 때문이다. 제례의식은 제사장인 왕이 직접 제례의식을 진행하는데 우선은 정심실에 들어가서 마음을 완전히 깨끗하게 정화시키고 제2신전인 정화문을 거쳐 정화수대에서 성수를 길어 제3신전에 들어가는데, 링가와 요니의 결합형체가 모셔진 어둠의 신전에서 제사장인 왕이 정화수를 링가의 머리 위에 세례하여 요니를 거쳐 내려오는 선물을 받아 참석한 모든 사람들에게 내려 신의 축복을 기원했다 한다. 이 성수는 양과 음의 결합으로 태어난 우주창조의 성수이며 생명탄생의 기원이 되는 것이다. 즉 이는 시바 신의 링가와 그의 부인 우마의 요니가 결합한 형태를 상징하는 것이다.

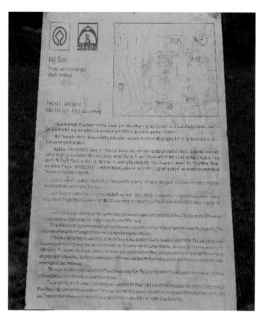

▌미선 유적지 안내문

▌미선유적지에서

▌베트남 해상실크로드 호이안 방문(2015년 2월)

베트남 전쟁과 미국

지난 20세기의 세계 분쟁사는 유럽 중심의 세계질서 패권이 미국 중심으로 이전되는 일련의 과정이었다. 이렇듯 미국의 패권을 유지하려는 노력 하에 발발된 베트남 전쟁은 어찌 보면 피할 수 없는 과정이었다. 그들에게 베트남은 작은 동남아시아의 나라가 아닌 꼭 손에 쥐어야 할 전략적 요충지였으며, 이 지역에서의 지위확보는 미국 정부의 동남아정책에 있어 핵심적인 역할을 할 것이 분명했기 때문이었다. 이러한 베트남 전쟁이 끝나고 미군이 철수한 지도 반세기를 넘어서고 있다. 전쟁에 대한 평가를 뒤로 한 채 미국은 베트남 전쟁에 대해 부정적인 정서를 표출하고 있다. 특히 베트남 전쟁을 주도했던 맥나마라 전 국방장관은 회고록에서 "베트남 전쟁은 잘못된 전쟁이었으며 몸서리치도록 잘못된 전쟁이었다"라고 회고하면서 방향 잃은 목표 없는 제한 전쟁이었다고 솔직히 시인하였다.

사실 베트남 전쟁은 미국의 입장에서 보면 가장 쓰라린 경험이었다고 할 수 있다. 미국은 이 전쟁에서 미국이 추구하던 목표들 중 어느 것도 달성하지 못했으며, 베트남 전쟁은 끝났으나 이 전쟁에 대한 시시비비는 끊이지 않고 있다. 일단의 영향력 있는 군 출신 인사, 학자 그리고 정치인이 미국의 베트남 전쟁 개입을 정당화함으로써 명예를 회복하려고 한 반면에, 미국이 동남아 분쟁에 잘못 개입하여 군사적인 패배를 자초했다고 하는 새로운 수정주의자들은 도전적인 자세를 취하고 있다. 미국은 아이젠하워의 시절부터 닉슨까지 무려 4명의 대통령을 거치면서 베트남에 개입했다. 미국에게 베트남은 이토록 중요한 것이 었을까? 도대체 무엇 때문에 4만여 명의 사상자를 감수하면서까지 베트남 전쟁에 개입했는가? 더욱이 우리가 베트남 전쟁을 기억해야 하는 또 다른 이유는 과거 우리나라 군인들이 전쟁 중에 범했던 행위(민간인 학살, 윤간, 성폭행)가 아직도 베트남 곳곳에 씻을 수 없는 깊은 상처로 남아 있기 때문이다.

북베트남은 1954년 제네바 협정에 따른 베트남 전 지역의 보통선거로 단일 정부를 구성하여야 한다고 주장하였으나 미국은 이를 거부하고 기 베트남 공화국을 세워 남베트남에 독자적인 반공 정부를 만들고자 하였다. 이에 반발한 북베트남이 사실상 미국의 꼭두각시 정권이었던 남베트남을 공격하면서 베트남 전쟁이 시작되었고, 미국은 도미노 이

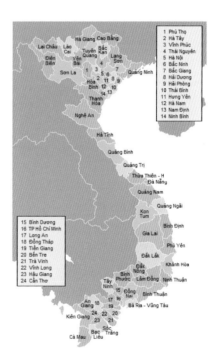

▌베트남 지도

론을 내세워 베트남 전쟁에 개입하게 된 것이다. 베트남 전쟁은 베트콩으로 널리 알려진 남베트남 민족해방전선Mat Tran Dan Toc Giai Phong Mien Nam(베트남어)의 게릴라전과 북베트남 정규군인 베트남인민군의 정규전이 동시에 진행되었다. 게릴라 부대였던 베트콩은 물론이고 정규군인 베트남인민군 역시 항공기가 없었기 때문에 전쟁 기간 동안 남베트남군과 미군은 제공권을 장악하고 있었고, 비교할 수 없이 막강한 화력을 앞세워 폭격과 공습, 포격, 육상 부대 작전을 혼용한 수색 섬멸 작전을 벌였다. 이 과정에서 많은 민간인이 희생되었는데, 특히 네이팜탄과 같은 대량살상 무기의 투하, 고엽제와 같은 화학 무기의 사용, 여성과 아동, 노인을 대상으로 한 학살 등은 국제적인 비난의 대상이 되었을 뿐만 아니라 미국 내의 반전 운동에도 큰 영향을 주었다.

이후 1973년 프랑스 파리에서 평화 협상이 성사되어 미군이 철수하였고, 베트남 전쟁은 사이공 함락이 있었던 1975년 4월 30일까지 계속되었다. 베트남 전쟁 종료 이듬해인 1976년 베트남 사회주의 공화국이 수립되었다.

사실 제2차 세계대전이 일어나자 프랑스는 자국의 방어를 위해 프랑스령 인도차이나에 있던 군대를 송환하였으며, 이 공백기를 틈타 일본군이 베트남을 점령하였다. 1930년 호찌민이 결성한 베트남 공산당과 1941년 결성된 비엣민은 프랑스의 식민지였던 프랑스령 인도차이나의 독립을 위해 무장 투쟁을 하고 있었으며, 제2차 세계대전 기간에는 일본 제국의 점령군과 싸웠다. 제2차 세계대전 기간에 호찌민은 비엣민에 대한 중화민국의 중국 국민당 정부와 미국의 승인을 얻어내었다. 미국의 전략사무국은 일본에 대항하는 비엣민을 지원하였으나 1945년 프랑스 측이 비엣민이 공산주의 조직이라고 문제를 제기하자 지원을 중단하였다. 한편, 프랑스는 베트남의 독립을 인정하지 않고 응우옌 왕조의 마지막 황제 바오다이를 내세워 베트남국을 세웠고, 결국 베트남 민주 공화국과 프랑스 사이에 제1차 인도차이나 전쟁이 일어났다. 8년간 계속된 제1차 인도차이나 전쟁은 1954년 5월 7일 디엔비엔푸 전투에서 프랑스가 궤멸적인 패배를 맞아 종결되었고 1954년 4월 26일부터 7월 21일까지 열린 제네바 협정을 통해 평화협정을 맺게 되었다. 제네바 협정 의장국이었던 영국의 외무장관은 '회의 최종 선언'을 발표하여 통일된 베트남을 수립하기 위해 1956년 7월 이내에 보통선거를 진행한다고 규정하였다. 이는 한반도 분단 상황에서 1947년 11월 14일 국제연합이 의결하였던 총선거 방식을 준용한 것이다.

당시 바오다이의 베트남국은 이미 국정 운영능력을 상실하여 민심 이반이 극에 달해 있었다. 1955년 1월 미국은 군사고문단을 파견하면서 새로운 정권이 필요하다고 판단하고 응오딘지엠을 지지하기 시작하였다. 하지만 바오다이는 왕

▌바오다이

위를 내줄 생각이 없었고 미국과 갈등을 빚기 시작하였다. 베트남인들은 응오딘지엠 정권을 미국의 괴뢰 정권으로 인식하였고, 원조에 의존하는 남베트남의 경제는 정부의 부패로 인해 제대로 작동하지 않았다. 이러한 사정은 농민들이 남베트남 민족해방전선을 지지하는 요인이 되어 남베트남에서는 크고 작은 시위와 무장봉기가 그치지 않았다. 한편, 호찌민이 이끄는 베트남 민주공화국(북베트남)의 공산주의 정치에 불안을 느낀 북부 지역의 로마 가톨릭 신자들 약 80만~100만 명이 남부로 이주하여 왔고 이들에 대해 편향적인 종교 정릭책을 취한 응오딘지엠 정권은 불교와 극심한 갈등을 겪게 되었다. 북베트남은 미국이 원하는 분단 고착을 인정하지 않았으며 남베트남 민족해방전선의 무장봉기를 지원하였다. 미국은 남베트남이 자력으로 국가를 유지할 수 없을 것이라고 판단하고 1964년 통킹만 사건을 빌미로 직접 베트남 전쟁에 개입하였다.

응오딘지엠은 독실한 로마 가톨릭 신자이자 철저한 반공주의자였다. 응오딘지엠은 동생 응오딘누를 수석보좌관 겸 비밀경찰 책임자로 세웠고, 독신이었던 응오딘지엠은 국가의 전에서 누의 아내 마담 누를 퍼스트레이디로 삼았으며, 마담 누의 아버지는 미국 대사로, 어머니는 국제 연합 참관

■응오딘지엠

인으로 보냈다. 자신의 친형은 후에의 추기경으로, 다른 2명의 형제들은 지방의 권력자로 임명하였으며, 사촌과 일가친척 역시 주요 요직에 등용하였다. 응오딘지엠은 부유한 가톨릭 엘리트였고 식민지 정부의 관리였다. 이 때문에 다수의 베트남인들은 지엠을 프랑스 지배의 연장으로 인식하고 있었다. 게다가 베트남인 대다수가 믿고 있던 불교를 탄압하고 베트남을 가톨릭 국가로 만들려 한 응오딘지엠 정권의 종교 정책은 많은 반감을 불러일으켰다.

1955년 초여름 응오딘지엠은 반공 정책을 강화하여 공산주의자뿐만 아니라 다른 반정부인사들을 체포, 구금하고 고문하거나 처형하였다. 응오딘지엠은 정권에 반대하는 어떠한 움직임도 모두 공산주의로 몰았으며, 1956년 8월 다수의 반대 인사들이 사형당했다. 응오딘지엠 정권의 정치적 박해로 죽임을 당한 사람은 1955년에서 1957년 사이 12,000명에 달했고, 1958년까지 정치범으로 감옥에 수감된 사람의 수는 약 4만 명이나 되었다. 디엠 정권의 반공을 앞세운 독재는 민심 이반을 불러 대다수의 베트남인들이 남베트남 민족해방전선을 지지하는 결과를 가져왔다.[41]

1960년 12월 20일 떠이닌 성 현 떤럽 사에서 각 계급, 종교, 민족대표들로 구성된 〈남베트남 민족해방전선Mat Tran Dan Toc Giai phong Mien Nam Viet Nam(베트남어)/南越南民族解放戰線〉이 결성되었다. 결성 대회는 선언과 10개 항의 행동목표를 통과시켰는데, 주된 내용은 제국주의 미국과 응오딘지엠 정권을 타도하여 독립, 민주, 평화, 중립의 남부를 세워 통일된 조국을 세우자는 것이었다. 남베트남 민족해방전선은 1962년 열린 전체회의에서도 평화지역 유지, 중립정책 시행, 조국의 평화적 통일을 주장하였다. 남베트남 민족해방전선을 지지하는 세력은 1961년 33개국 10개의 국제조직에서 1964년 64개국 400개의 국제조직으로 늘어났다.

훗날 베트콩으로 널리 알려지게 된 것과는 달리 남베트남 민족해방전선은 공산주의자가 아닌 응오딘지엠 정권에 반대하는 모든 활동가들도 망라되어있었다. 민족해방전선은 조직 보호를 위해 비밀결사로 운영되었다. 베트남 공산주의자Vietnamese Communist의 경멸 섞인 약자인 '베트콩Viet Cong, 비엣꽁'이란 낱말은 남베트남 민족해방전선이 결성되기 이전인 1958년 1월에 응오딘지엠이 처음 사용하였다.

미국의 정책적 가정과는 달리 모든 유용한 증거들로 볼 때, 1958년 남베트남의 무장투쟁은 하노이의 개입 없이 독자적으로 발생한 것이다. 남베트남에서 발생한 사이공 정부에 대항한 무력 활동의 지도자들은 하노이로부터 어떠한 지시도 받지 않았다. 오히려 하노이는 무장투쟁에 반대하고 있었다. 북베트남은 1959년부터 1961

▌베트콩

년까지 3만 명의 병력을 라오스로 보내 라오스와 캄보디아를 지나는 호찌민 통로를 만들었다. 약 4만여 명의 병력이 1961년에서 1963년까지 이 통로를 통해 이동하였다. 1964년에는 베트남 인민군 1만여 명이 호찌민 루트를 통해 남베트남을 공격하였고, 1965년에는 10만 명에 달했다.

　이 시기에 미국에서 정치적 변화가 있었다. 1960년 미국 대통령 선거 결과 존 F. 케네디가 대통령으로 당선된 것이다. 케네디는 "얼마를 지불하든, 져야 할 짐이 얼마이든, 얼마나 어려운 일이 닥치든, 모든 친구를 지원하고 자유의 승리와 생존을 확약한다"는 야심만만한 공약을 발표하였다. 1961년 6월 케네디는

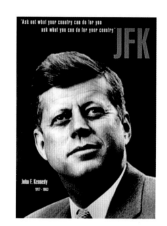

┃존 F. 케네디

소련의 니키타 흐루쇼프 수상과 빈 회동을 갖고 베트남 문제를 논의하였으나 합의점을 찾지 못했다. 이러한 실패 때문에 케네디는 공산주의 확산을 더 이상 막지 못할 경우 미국에 대한 평판과 동맹들의 신뢰가 낮아질 것이라 여겼다. 케네디는 베트남에서 공산주의가 승리하는 것을 막기 위해 '모래 위에 선을 긋기'로 결심하였다. 케네디는 니키타 흐루쇼프를 만난 빈 회동에서 돌아온 직후, 뉴욕 타임스의 제임스 레스턴에게 "지금 우리는 우리 힘이 신뢰받을 수 있도록 만들어야 하는 문제

를 갖고 있고, 베트남이 바로 그런 곳"이라고 말하였다. 케네디 정부는 전임 아이젠하워 정부가 베트남의 문제를 남북 간 대결로 몰고 가려 한 단순화 전략이 남베트남 만족해방전선의 활동으로 실패하였다고 보고, 전쟁의 상황에 따라 선전포고 없는 대 게릴라 전쟁부터 시작하여 국지전, 통상전, 전술 핵무기 사용으로 전쟁 수위를 끌어 올리는 '유동성 대응 전략'으로 전략을 수정하게 되었다.

하지만 급작스러운 케네디의 죽음으로 인해 린든 B. 존슨이 미국의 대통령으로 취임하게 되었다. 존슨은 11월 26일 국가 안보 조치 각서National Security Action Memorandums, NSAM 273호를 통해 소규모 특수전을 위주로 대응하였던 케네디의 정책을 뒤집고 1963년 말까지 1만

▌린든 B. 존슨

여 명의 병력을 남베트남에 배치하여 전쟁을 확대시켰다. 쿠데타를 일으킨 군부는 즈엉반민을 수장으로 하는 군사 혁명 위원회를 세웠지만, 1964년 1월 응우옌 칸이 쿠데타를 일으켜 즈엉반민을 축출하였다. 하지만 정국은 여전히 불안하였고 몇 차례의 쿠데타 기도가 지속되었다.

1964년 8월 2일 북베트남 해안에서 첩보 작전 중이던 미국의 구축함 USS 매덕스가 통킹 만에서 북베트남의 어뢰정에게 공격을 받았다. 미국은 이틀 후인 8월 4일 같은 장소에서 USS 매덕스와 USS 터

너 조이가 재차 어뢰정의 공격을 받았다고 주장했다. 공격 전후의 상황이 확실치 않은 가운데 린든 B. 존슨은 국무차관 조지 발에게 "그 해병들이 날치라도 쏘았나"라고 말했다고 한다. 통킹만 사건 뒤 며칠이 지난 1964년 8월 7일 미국은 보복을 명분으로 북베트남에 폭격을 감행했다. 선전포고 없이 진행된 이 폭격은 대통령 존슨이 동남아시아에 주둔 중인 미군에 직접 명령한 것이다. 미국 연방 하원은 통킹만 사건이 전면전으로 확대되는 것을 거부했지만, 존슨은 이미 대통령 독단으로 전면전을 개시하고 있었다. 통킹만 사건 당시 미국의 주장과는 달리, 2005년 기밀 해제된 미국 국가 안전국의 보고서에서는 8월 4일 어뢰정의 공격은 없었다고 기록되어 있다. 북베트남은 8월 4일에 있었다는 어뢰정 공격에 대해 통킹만 사건 직후부터 강하게 부인하고 있었으며, 미국 내에서도 여러 차례 사실이 아닐 수 있다는 지적이 있어왔다.

통킹만 사건을 빌미로 케네디 시절부터 개입해오던 베트남전의 확전을 결정, 의회의 지지를 얻어내고 연이은 64년 대선에서 61.4%라는 압도적 득표로 승리하였다. 하지만 대승에 뒤이은 현실은 헬게이트 그 자체였다. 베트남전의 수렁에 빠진 데다가 정적인 로버트 F. 케네디의 견제로 인해 존슨은 재임 기간 내내 스트레스에 시달렸다. 원래 법적으로는 대통령직 승계 기간이 2년이 안 되어서 다시 대선에 출마할 수 있었지만, 결국 스트레스와 노환으로 악화된 건강과 베트남전으로 바닥을 치는 지지도를 인정하고 출마를 포기하였다. 재선 가능성도 높지 않았지만, 이 결정으로 미국 역사상 8년 이상을 재임한 대통령은 계속 프랭클린 루스벨트 하나밖에 없게 되었다.

그리고 존슨의 베트남전 지지가 민주당의 대통령 후보 험프리의 패배를 야기했다는 것은 사실 부당한 주장이다. 험프리의 패배는 남부 미국독립당(딕시크랫)의 독자출마를 막지 못한 민주당 주류파의 선거전략 미비 탓이 크며 실제 닉슨과 험프리의 득표율 차는 겨우 0.42%에 불과했다. 다만 선거인단에선 301 : 191 : 46으로, 딕시크랫 없는 간발의 승리는 불가능했을 것이다(당시 결과에서 민주당에 딕시크랫을 더했으면 험프리가 압승하긴 한다). 돈과 선거 전략에서도 절치부심한 리차드 닉슨에 비해 험프리가 여러모로 밀렸던 것이다.

새로 미국의 대통령이 된 리차드 닉슨은 구정 대공세가 지나고 난 뒤 철군 계획을 발표하였다. 닉슨 독트린이라 불린 그의 계획은 남베트남군을 강화시켜 스스로의 영토를 방어하도록 한다는 것이었다. 이 때문에 닉슨의 정책은 '베트남화'라고도 불렸다. 베트남화는 케네디 정부가 구상하였던 남베트남의 독자적 전쟁 수행과 비슷한 것이었지만, 그것과는 달리 분쟁 확산의 방지를 위해 미군이 계속 개입한다는 점이 달랐다. 닉슨은 미국의 침묵하는 다수가 자신의 전쟁 정책을 지지한다고 주장하였지만, 미라이 학살과 그린베레가 캄보디아를 비밀리에 폭격한 감마 계획 등이 알려지면서 미국 내의 반전 운동은 점점 거세지게 되었다. 1970년 초 미군은 많은 사상자가 발생하던 내륙 지역에서 철수하여 기지를 해안 지역으로 옮겼고, 이로써 1969년보다 사상자를 줄일 수 있었다.

베트남 전쟁은 1972년 미국 대통령 선거의 주요 논점이 되었다. 닉슨에 대항하여 민주당 후보로 나선 조지 맥거번은 베트남에서 철수해 오는 군인들이 내리는 기차역에서 선거 캠페인을 하였다. 닉슨의 국가 안보 자문이었던 헨리 키신저는 북베트남의 레득토와 비밀리에 정전 협상을 지속하고 있었다. 1972년 8월 키신저와 토는 합의에 도달하였다. 그러나 남베트남의 대통령 티에우는 평화 협정 내용 대다수를 변경해달라고 요청하였다. 북베트남이 협정 내용을 공표하자 닉슨 정부는 북베트남이 기만전술을 쓰고 있다고 비난하였고, 협상은 중단되었다. 1968년 미라이 학살이 폭로된 이후 미국 내 반전 운동은 점점 확산되었다. 1968년 8월 26일부터 29일까지 민주당이 주최한 1968년 민주 전국 대회에 참가한 사람들은 베트남 전쟁에 반대하는 시위를 벌였다. 이러한 반전 운동은 미국이 베트남 철군을 결정한 주요 원인 가운데 하나였다.

❚ 닉슨 독트린

베트남 전쟁과 언론 그리고 대한민국

10년 이상을 끌면서 미국사회를 양분한 베트남 전쟁에서 미디어의 역할에 대한 평가는 상반된다. 하나는 베트남 전쟁에 대한 미국 미디어의 부정적 보도가 정책 실패에 크게 영향을 미쳤다는 것이고, 다른 하나는 미국 미디어가 베트남 전쟁에 대해서도 사실에 충실했을 뿐 특정한 부정적, 긍정적 입장을 갖지 않았다는 것이다. 평가는 상반되지만 이 둘은 미디어가 베트남 전쟁에 대한 미국 정부의 전쟁 수행정책에 큰 영향을 미쳤다는 점에서는 이견이 없다. 베트남 전쟁에서 미디어가 상대적으로 자유로웠던 이유는 베트남 전쟁이 '선전포고 없는 전쟁'이었기 때문이다. 바꿔 말해 전시에 적용될 수 있는 보도 제한 같은 것이 베트남 전쟁에는 없었다.

46,000명의 미국인의 생명을 앗아가고 수백억 달러의 재원을 소진한 베트남전쟁은 1966년 CBS 특파원 세이퍼Morely Shafer가 평가했듯이 '최초의 TV전쟁'이라고 규정할 수 있다. TV라는 새로운 전파매체의 등장은 군과 언론에 커다란 영향을 미쳤다. 군의 언론정책은 2차 세계대전이나 한국전과 같은 수준에서 진행되었지만 TV를 통한 전쟁보도

미국이 참전한 전쟁에 대한 지지도

제1차 대전	89%
제2차 대전	76%
독립전쟁	75%
남북전쟁	70%
한국전쟁	49%
베트남전쟁	25%
걸프전쟁	74%

는 미국 내 반전무드의 확산과 여론분열이라는 군이 예상하지 못했던 엄청난 결과를 초래하게 되었다.

'통킹만 사건'을 계기로 베트남전쟁에 개입한 존슨 정부는 전쟁의 당위성과 우호적 여론 형성을 위하여 적극적인 언론정책과 적절한 공보전략을 시행하였다. 정기적인 브리핑을 통해 도입하였고 '정직작전 operation condor'이라는 이름하에 언론인들에게 정부비용으로 베트남을 시찰하도록 했다. 그러나 전쟁 기간이 장기화되면서 다음과 같은 문제점들이 심각하게 부각되었다.

첫째, 이전에 종군기자들이 준군인 수준의 군사지식을 가지고 있었던 점에 비하여 베트남전의 경우 대부분의 기자들이 군사문제에 대해 무지했다. 또한 언어를 비롯한 현지배경에 대한 사전준비 역시 전무한 상황이었다. 둘째, 군과 언론 모두 뚜렷한 전선도 없이 진행되는 '게릴라전'에 대해 인식이 부족했었다. 마지막으로 TV의 등장은 전쟁보도에 지나친 상업성과 선정성이 강화되는 계기가 되었다. 결국 전쟁에 대한 냉정한 분석보도보다는 선정적이고 자극적인 기사들이

'통킹 만 사건'과 영향

중국
북베트남
하노이

통킹 만

❶

❷

1964년 8월 2일
북베트남 어뢰정, 미 구축함
공격(미국의 공격 유도 확인)

1964년 8월 4일
2차공격(미국의 정보 조작
확인)

캄보디아

남베트남

❸ 1964년 8월 7일
미의회 '통킹 만' 결의

❹ 1965년 2월
북폭 시작, 지상군
18만 명 투입

▌통킹만 사건

화면을 가득 채우게 되었다. 이러한 문제들은 군과 언론의 관계를 더욱 악화시켰고, 언론을 통해 전쟁을 접하는 군민들마저 혼란스럽게 만들었다.

특히 1968년 월맹의 구정 대공세는 베트남전을 대하는 언론의 시각에 큰 전환점이 되었다. 언론들은 미국의 승리를 의심하기 시작했고 전장의 잔혹함과 미군들이 겪고 있는 고통을 여과 없이 보도하기 시작했다. 더구나 비밀리에 하노이로 잠입한 솔즈베리가 미군의 무차별적인 폭격피해를 적나라하게 보도하여 존슨정부를 당혹하게 만들었다. 아울러 미국 참전에 원인이 되었던 '통킹만 피격사건'이 미군에 의해 조작되었다는 사실이 언론의 끈질긴 추적을 통해 확인되면서 미 정부의 도덕성에 심한 타격을 입게 된다. 국내 반전 분위기가 절정에 이르자 결국 미국은 베트남을 포기하고 철수한다. 후에 베트남전 미사령관이었던 웨스트 모랜드는 "자신은 전쟁에 패한 것이 아니라, 후방의 언론인들 때문에 망친 것이다."라고 말했다. 이러한 군부의 자성은 후일 군의 고도화된 통제전략을 수립하는 계기가 된다. 이처럼 여론의 지지도가 감소했던 것은 앞에서 설명한 국내 반전운동의 영향이 가장 큰 부분을 차지하고 있었다. 반전운동에 동기부여를 한 것은 전쟁의 장기화에 따른 미군 사상자의 증가였다. 미국의 개입이 시작되면서 전체적으로 540만의 사상자와 900만의 난민이 속출했으며, 5만8천에 달하는 미군이 목숨을 잃었고 30만 명의 부상자가 발생했다. 이로 인한 심리적인 충격으로 인해 반전운동은 젊은이들을 중심으로 더욱 격화되었던 것이다. 반전 운동이 국내 여론 형성에 중대한 영향을 미쳤다는 것은 여러 학자들이 인정하고 있다. 헤링은 미국 내 항의가 증가하면서 여론에 간접적으로 영향을 주었다고 하였고, 해리슨은 전쟁의 확대를 막았던 이러한 운동들이 그렇게 진부한 것은 아니라고 하였다. 그리고 맥거븐은 반전운동이 미국을 베트남으로부터 구출했다고 하였다. 반전운동은 여론에 영향을 주었을 뿐만 아니라 결국 미국을 개입으로부터 물러나게 하는 데 큰 역할을 했다고 할 수 있다.[42] 다음의 표는 베트남 전쟁에 대한 미국 국민들의 지지도 추이를 그린 것이다.

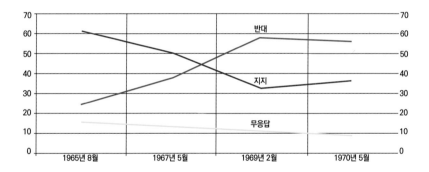

전쟁 개입국인 대한민국따이한:dɐihàn

당시 대한민국 박정희 정권은 반공주의를 내걸고 미국 다음으로 많은 병력을 베트남 전쟁에 파병하였다. 대한민국의 파병은 미국의 요청이 있기 전인 1961년 박정희는 존 F. 케네디에게 먼저 제안하였지만 당시 케네디의 정책은 베트남 전쟁에 미군을 직접 투입하지 않는 것이었기 때문에 박정희의 제안을 거절했다. 하지만 케네디의 뒤를 이어 대통령이 된 린든 B. 존슨은 1964년 대한민국에 의료 부대의 지원을 요청하였다. 1964년 5월 9일 미국이 보낸 서한에는 "1개 이동 외과병원"을 파병해 주도록 요청하고 있다. 대한민국 국방부는 130명 규모의 이동 외과병원과 10명으로 편성된 태권도 교관단 등 140명을 파병하기로 했다. 통킹만 사건 이후 미국은 대한민국에 후방 지원 부대의 파병을 요청하였고, 대한민국은 제6사단 사령부에서 〈한국군사원조단〉 본부인 비둘기부대를 창설하고 1965년 3월 10일 인천항을 통해 파병하였다. 비둘기부대는 3월 16일 사이공에 도착하였고, 사이공 북동쪽 22km에 있는 지안에 주둔하여 건설 지원임무를 수행하였다.

1965년 미국은 베트남 주둔 민군의 사상자가 속출하자 곤경에 빠져 있었다. 1965년 3월 11일 김현철 주미대사는 조지 볼 미국무부 차관과의 면담을 통해 "한국정부는 베트남에서 추가적인 병력을 기꺼이 파견하겠다."고 말했으며, 이동원 외무부 장관은 브라운 주한미국 대사와의 다음과 같이 협상을 한다.

1. 파병 상한선은 5만 명 이내

2. 한국군의 현대화 지원

3. 북한의 침공 시 미국이 즉각 출병하도록 한미방위조약을 개정한다.

4. 남베트남에서 사용할 군수품 공급 등 한국의 남베트남 시장진출을
   보장한다.

위와 같은 한국 정부의 요구사항은 1965년 5월 17일에서 18일까지 워싱턴에서 개최된 한미정상회담에서 대부분 타결되었다. 이에 따라 한국 정부는 6월 14일 남베트남 정부로부터 전투병력 정식 파병요청서를 접수하고, 8월 13일 국회는 채명신 소장을 사령관으로 임명하였다. 청룡부대가 1965년 10월 9일 깜란에 상륙하였고, 9월 20일부터 주월 한국사령부가 사이공에서 업무를 시작하였다. 11월 1일에는 맹호부대가 뀌년에 상륙을 하였다.

대한민국이 베트남에 파병한 병력의 누계는 32만 명에 달했다. 베트남 파병 병사의 의무기간은 1년이었고, 파병이 최고조에 달했던 1968년 당시의 베트남에 주둔한 한국군의 수는 5만여 명이었다. 파리 평화 협정으로 미군이 철수하면서 대한민국 역시 철군하였다. 베트남 전쟁 기간 동안 한국군의 전사자는 약 5천여 명이었고 1만 1천여 명이 부상을 입었다. 한국군은 전쟁 중에 남베트남 민족해방전선 전투원 약 4만 1천여 명을 사살하였다고 밝히고 있다. 미국은 한국군 병사에게 2억 3천6백만 달러를 지불하였고 대한민국은 파병의 대가로 경제 발전

을 이루었다. 대한민국의 GNP는 파병을 전후로 하여 5배가량 성장하였다.

베트남 전쟁에는 여성들 역시 여러 일에 참여하였다. 1963년 초 미국 육군 간호대는 나이팅게일 작전이라는 이름으로 간호 대원을 베트남에 파병하였다. 파병된 간호사들은 대부분 군인 집안 출신의 자원자로, 로마 가톨릭이나 개신교 등 기독교를 믿는 중산층 백인이었다. 간호사들은 파병 전 4개월의 집중 훈련을 받고 베트남에 배치되었다. 의료 인력이 늘 부족했기 때문에 간호사들은 1주일에 6일 동안 하루 12시간씩 근무를 하였다. 여성 간호사들은 주로 후방의 기지에서 복무하였다. 미군 여성 간호사 가운데 적군의 총격으로 사망한 사람은 1969년 6월 8일 전사한 샤론 레인 중위가 유일하였다.

베트남 전쟁 초기만 하더라도 미군은 여성을 받아들이지 않았다. 그러나 전쟁이 길어지자 미군은 많은 부분에서 여성의 복무를 받아들였다. 베트남 전쟁에 참여한 다수의 미국 여성들은 전쟁 기록을 정리하는 업무와 속기사로 복무하였다. 간혹 소수의 여성들이 전투 지역에 들어가는 일이 있더라도 직접 전투에 참전하는 경우는 없었다. 당시 미군은 직접 전투에 관계된 병과에 여군을 받아들일 경우 병사들 사이에 불편한 성적 긴장이 발생할 수 있다는 이유로 여군을 전투 관련 병과에 편성하지 않았다. 1973년 당시 베트남에는 약 7,500명이 여군이 주베트남 미군 사령부에 배속되어 있었다. 베트남에 주둔한 미군은 남성 위주의 군대 내에 여성이 함께 있는 것이 오히려 군인들의 도덕성을 향상시키는 효과가 있다고 보고하였다. 같은 해 미군은 여성의 전투 병과 배속을 허용하였다. 미군과 달리 북베트남군, 즉 베트남인민군과 남베트남 민족해방전선에서는 여성의 전투 참여가 매우 보편적이었다. 이들은 낮에는 호찌민 통로를 지키고 밤에는 논에 나가 벼를 길렀다. 뿐만 아니라 게릴라전을 치를 때도 여성들이 함께 참전하였다.

응우옌티딘은 성년 이후 일생의 대부분을 외국군과 싸우며 지낸 베트남 여성이다. 1940년대부터 프랑스군과 싸웠던 베트민 전사였던 딘도 1945년에 벤째 전투에 참여하였고, 1960년대에는 지엠 정권에 항거하여 싸웠다. 베트남 전쟁 기간 동안 딘은 남베트남 민족해방전선의 부사령관으로 활동하였다. 나중에 여배우이자 감독이 된 응우옌티득은 어려서부터 미군을 상대로 한 게릴라 전투에 참전하였다. 나중에는 득의 딸 역시 군사훈련을 받았다. 하노이 출신의 여성 군의관 당투이쩜Dặng thùy trầm은 하노이 의과대학을 마친 뒤 참전을 자원하여, 1968년부터 1970년까지 베트남 중부 지역에서 활동하였다. 1970년 6월 22일 미군에 의해 사살될 당시 미군 손에 들어간 일기가 2005년 뒤늦게 알려져 《당투이쩜의 일기》라는 이름으로 출간되어 큰 반향을 일으켰다. 대한민국에서는 《지난 밤 나는 평화를 꿈꾸었네》라는 제목으로 출간되었다.

공산주의 측은 중화인민공화국과 소련이 지원한 무기로 무장하였다. 남베트남 민족해방전선과 같은 게릴라 부대는 프랑스군이나 미군, 또는 남베트남군에게서 노획한 서방 무기도 사용하였다. 공산주의 측의 개인 화기는 소련제 돌격소총인 AK-47이 일반적이었다. 미군을 비롯한 남베트남 측 군대의 개인화기는 M16 소총과 M14 소총이 사용되었다. 이 소총들은 AK-47보다 가벼웠지만 초탄이 총기 내에서 걸리는 불량이 자주 발생하였다. 베트남 전쟁 기간 동안 미군은 나프타를 주원료로 하는 강력한 소이탄인 네이팜탄을 사용하였다. 네이팜탄은 넓은 지역을 일순간에 불태우는 강력한 무기였고, 전쟁 기간 내내 미군이 대량살상무기를 민간인에게 사용한다는 비난이 끊이지 않았다.

1972년 6월 8일 사이공 인근의 짬방 마을이 네이팜탄 폭격을 받았다. 사찰에 숨어있던 9살의 판티 킴푹은 옷에 불이 붙어 벌거벗은 채 도망쳐 나와야 했다. AP통신의 사진기사 닉 우트Nick Ut는 이 장면을 촬영하여 송고하였다. 탈출하는 판티 킴푹의 사진은 전 세계에 보도되었고 반전 여론을 확산시켰다. 닉 우트는 이 사진으로 퓰리처상을 수상하였다.

주베트남 미군 사령관 웨스트몽어랜드는 베트남 전쟁에서 수색섬멸 작전을 기반으로 한 소모전을 기본 전략으로 세웠다. 이를 위해 농촌 지역의 주민들은 전략촌으로 소개되었고, 전략촌 이외 지역의 모든 사람들은 사실상 남베트남 민족해방전선의 전투원으로 간주되었다. 베트남 전쟁 기간에 미군과 한국군은 민간인 학살을 일으키기도 하였

▌닉 우트의 베트남 전쟁사진

다. 그것들은 미라이 학살, 하미마을 학살 사건, 퐁니와 퐁넛 양민 학살, 빈호아 학살 등이 알려져 있으며 이 외에도 작전지역 내에서 수많은 학살이 있었다.

미라이 학살은 1968년 3월 16일 남베트남 미라이에서 발생한 미군에 의해 벌어진 민간인 대량 학살이다. 347명에서 504명으로 추정되는 희생자는 모두 비무장 민간인이었으며 상당수는

▌미라이 학살

여성과 아동이었다. 더욱이 몇몇 희생자는 성폭행을 당하거나 고문을 당하기도 하였으며 시체 중 일부는 절단된 채 발견되었다. 이 사건에는 미군 26명이 가담하였으나 입대한 지 4개월 2주밖에 되지 않은 윌리엄 켈리 소위만이 유죄 판결을 받았다.

퐁니과 퐁넛 양민 학살 사건은 1968년 2월 12일 베트남 꽝남 성 디엔반현huyện diện bàn 퐁니phường nhì, 퐁넛phường nhật 마을 주민들이 대한민국 해병대의 청룡부대에 의해 학살당하여 70여 명(69~79명 추정)이 죽은 전쟁범죄다. 이 사건은 2000년 '베트남전 민간인 학살 진위위원회'가 진상조사를 벌이면서 사건의 전말이 밝혀지게 되었다. 퐁니과 퐁넛 학살 사건은 전략촌 지역에서 일어난 양민 학살이었기 때문에 베트남 내에

서 사회적인 문제가 되었고, 미군 역시 진상 조사와 관련자 처벌을 요구하였지만 한국군 측은 학살이 없었다고 부인하였다. 또한 정부와는 달리 대한민국 국민들은 이에 대하여 안타까움을 표하였고 이에 대하여 나중에도 문제가 몇 번 더 대두되기도 하였다. 퐁니과 퐁넛 마을 학살은 베트남 전쟁 시기에 한국 군인들에 의하여 자행된 전쟁 죄악 중에 하나다. 한국 군인들은 무기를 들지 않은 일반 민간인들을 살해하였고 희생자의 대부분은 부녀자와 어린아이들이다.[43]

하미마을 학살은 베트남 전쟁 시기에 일어난 한국군인들에 의하여 자행된 전쟁 범죄 중 하나다. 1968년 2월 25일 하미 지역(광남성 딘반현 딘응면 서부 하미마을에 속함, 현재 호이안시 인근 지역)에서 한국의 청룡부대 2개 중대 병력이 무기를 들지 않은 민간들 135명을 살해하였고 희생자의 대부분은 노인, 부녀자와 어린이들이다.[44]

대한민국 군인들이 하미 지역 서부 하미마을(광남성 딘반현 딘이응면)에서 135명의 양민을 학살한 이후 43년이 지난 신묘년 새해, '서로서로 손을 잡고 아픈 상처를 이겨냅시다.' 라는 표어 아래 하미마을 사람들이 모였다. 약 140여 명의 이웃 주민들과 각 지역에서 흩어져 살

▌하미마을

던 후손들이 모여 앉아 그날의 아픈 기억을 회상하였다. 팜티화 부인은 아직도 랍 부인이라 부르는데, 왼쪽 다리가 불구였다. 이 외에도 오른쪽 다리가 불구인 쯩티토 부인, 찐, 본 누님, 딘, 남형 등[45] 자신들의 큰 상처를 갖고 힘겹게 살아가고 있지만 모두 한자리에 모였다. 그날의 아픈 기억이 떠오를 때면 아직도 얼굴에 고통스러운 모습이 가득하다.

묘신해의 정월달 25일 (1968년 2월 25일) 충격적인 그날이 마치 어제 일처럼 생생하게 떠오른다. 새벽 새날이 밝아오는 시간, 전략촌 지역으로 주민들을 이주시킨다는 명문 아래 청룡부대(대한민국 군인) 2개 중대가 하미마을을 포

■ 하미마을 위치

위했다. 노인, 부녀자, 어린아이들을 마을 세 곳에 나누어 응우엔 디우 집 앞에 42명, 레 티토아이 집 지하실에 16명, 응우엔의 빈집에 74명을 모두 모이게 하고 양민들에게 개인 소총, 유탄발사기, 수류탄 등을 사용하여 무차별 집중 총격을 가했다. 더욱더 야만적인 행위는 잔인한 학살 이후 모든 시신을 불태워 살이 타는 냄새 속에 단지 시신들의 뼈만이 쌓여있어 그 누구도 자기 가족의 얼굴을 알아볼 수가 없었다.

하미마을 사람들은 매해 음력 1월 24일을 전후로 위령제를 올리

▌ 하미마을 위령비

▌하미마을 묘지

고 있다. 2013년 3월 6일 45주기 위령제가 열렸고, 학살 이후 최초로 한국인이 위령제에 참가하였다고 한다. 응우엔 탄 남, 응우엔 빈의 손자는 말한다. "그 날은 내가 12살 되던 해다. 나는 할아버지와 같이 집 안 거실에서 호박을 다듬고 있었는데 갑자기 많은 사람들이 집 안으로 밀려 들어왔다. 나는 아직 무슨 일이 일어났는지 정신을 못 차리고 있는데 참혹한 비명과 함께 총소리가 울려 퍼졌다. 재빨리 할아버지를 거실 신전 속에 피신시키고 나는 담장을 넘으면서 총알이 관통하게 되었다. 나의 바로 앞에는 사격자세의 한국군이 보였고 나의 어머니는 집 앞 야자나무 말뚝에 의지하여 앉아 있었으며 내 바로 밑에 두 동생은 엎드려져 있었다. 그리고 한국군인들은 다른 사람들을 표적으로 삼아 계속 총을 쏘았다. 이후 비명소리가 전혀 들리지 않자 한국군인들은 집 안을 뒤지고 전부 불태웠다."

응우엔 푸, 응우엔 꺼이는 당시 서부지역 연락책임자와 부책임자로 이들 역시 가족이 그 학살 현장에서 희생당했다. 응우엔 꺼이씨는 그 당시를 다시 회상하며 "약 오후 6시경에 총소리가 멎은 후 8명의 유격대원들은 먼지로 뒤덮인 지하 갱도에 다다르니 어머니는 이미 돌아가시고 중상을 입은 여동생, 몸이 절반은 없어진 이웃, 서로 뒤엉켜 죽은 사람들이 쌓여 있는 아비규환의 현장이 떠오르게 된다."

1993년에는 그 당시에 청룡부대 소대장이었던 김문구 참전용사 협회장이 이 지역을 방문하여 그 당시의 당 비서의 뜻대로 가족들에 용

▌하미마을 입구에서

서를 빌었다. 이어 협회장은 3만 5천 불을 면사무소에 기탁하여 2000
년에는 추모비를 건립하여 스님과 수행자들이 방문하여 돌아가신 이들
에 대한 극락왕생 제를 올렸다. 이후에도 한국의 학생들과 청소년들이
가끔씩 방문하여 남아 있는 피해가족들에 선물을 증정하였다. 현재 이
지역은 매우 가난하게 살고 있으나 과거의 아픔과 단절하고 장래의 희
망을 위하여 능동적이고 힘차게 생활하고 있다.

필리핀의 일반적 현황과 문화

필리핀은 말레이제도의 동부에 위치하며 대소 7,000여 개의 섬으로 구성되었는데 루손과 민다나오 등의 9개 섬을 합하면 총면적의 95%를 차지한다. 그 외는 극히 작은 면적을 가진 섬들의 나라다. 전체 면적은 30만㎢이고 인구는 약 8,000만 명 이상이다. 필리핀 제도의 동쪽은 환태평양 조산대의 일부에 속하여 산지가 많고 평야는 적으며 화산과 지진 활동이 많다.

▌필리핀 지도

필리핀은 1512년에 마젤란이 세부 섬에 상륙한 이후 1565년부터 300년 이상 스페인의 식민지로 있었다. 1899년에는 미국의 식민통치를 받았으며, 제2차 대전 중에는 일본군의 점령하에 있다가 대전 후 1946년에 독립을 하였다. 국토면적에 비해 산지가 많고 경지가 적기 때문에 계단식 경작에 의한 논농사가 발달하였고 벼의 2기작과 3기작이 이루어지고 열대기후로 인해 열대 농작물의 수출이 많다.

필리핀 문화는 필리핀 사회의 구성원들의 습관화된 행동 양식의 통합된 체계다. 또한 그것은 필리핀인의 생활양식이다. 여기에는 필리핀 관습, 전통, 언어, 가치관, 신앙, 태도, 자아관, 도덕, 제의와 예의 등 모든 것을 포함한다. 16세기 이후 스페인과 미국 문화의 영향이 깊이 뿌리 내려 특이한 복합 문화가 성립되었다. 그 결과 필리핀은 아시아에서 가장 서구적인 나라가 되어버린 것이다. 그렇기에 필리핀을 양파와 같다고 한다. 바깥 껍질은 미국이고 그 다음은 스페인이고 가장 안쪽에는 필리핀 고유의 것이라고 할 수 있다.

필리핀인들이 사용하는 언어 중 하나인 영어와 팝송, 그리고 슈퍼마켓은 미국에서 수입한 것을 자기 것으로 소화해 버렸고, 그 많은 학교도 미국식이다. 그러나 언어와 풍속 여러 구석에 남아 있는 스페인어와 우뚝 선 성당들과 십자가들은 300여 년 스페인 식민지 시절에 토착화된 것들이다. 어떤 사람이 필리핀 문화를 세 가지 건물로 설명이 가능하다. 동네 중앙에 우뚝 솟은 성당과 시골 마을의 나파(야자수 잎 비슷한 나뭇잎)지붕의 초가집 그리고 마을마다 갖춰진 학교 건물이 필리핀을 상징하는 것들이다. 이 학교는 미국의 식민 생활과 그 문화를, 성당은 스페인의 영향을,

▌필리핀의 교통수단

그리고 나파 지붕의 대나무집은 말레이 토박이들의 생활을 상징하다. 이런 세 가지 특유한 문화의 혼합과 조화는 처음 오는 선교사들에게 동양인지 서양인지 구별하기 힘든 혼란을 일으킨 원인이기도 하다. 앞서 말한 것처럼 필리핀이 미국에게도 식민 지배를 당했기 때문에 겉으로 보기엔 미국의 많은 점이 닮아 있지만, 스페인에게 식민 지배를 당한 기간은 무려 330년이기에 필리핀의 문화 깊숙이 스페인의 문화가 자리 잡혀 있다. 국명과 필리핀인을 지칭하는 명칭에서부터 스페인의 잔해를 볼 수 있다. 국명은 스페인 국왕 중 필릿 2세의 이름을 따서 만든 국명이며, 필리피노(필리핀인 명칭)는 스페인어에서 온 명칭이다. 뿐만 아니라 필리핀어(타갈로그)에는 다수의 스페인어가 섞여 들어가 있다. 또한, 가톨릭 국가였던 스페인의 영향으로 인해 필리핀의 83%가 가톨릭이다. 그래서 필리핀은 법상에서도 이혼이 가능하지 않다.

필리핀인의 근본적 배경은 말레이인과 중국인이다. 말레이인의 기질은 필리핀 문화 구성의 주된 요인이다. 중국의 영향 또한 크다. 필리핀 신사들이 즐겨 입는 빠롱Balong도 중국이 근원이다. 필리핀인이 즐겨 먹는 팡싯Pansit과 미슈아Misua는 중국 국수들이다. 필리핀 사람의 영혼에는 중국인의 심성과 철학과 실용성이 혼합된 채 이식되어 있다. 고대 필리핀인들의 신앙은 대부분 인도India의 브라만Bhraman종교로 보인다. 예를 들면 이빨 빠지는 꿈을 꾸었으면 친구나 친척 중 하나가 죽는다고 믿으며, 자기 전에 머리를 감았는데 완전히 말리면 미치거나 목에 가시가 들어 고양이 발로 치료를 받아야 된다고 믿는다.

필리핀 사람들의 사회성은 다른 사람과의 관계 속에서 형성되며 이런 관계가 그들의 문화에도 지대한 영향을 미친다. 필리핀의 문화는 넓은 영토와 수많은 섬을 가진 나라답게 매우 다양하게 나타나면서도 전체적으로는 하나의 잘 융화된 모습으로 나타난다. 더 나아가 필리핀 문화는 자기 가족에 대한 애착이 어느 민족보다도 강하여 그들이 삶을 들여다보면 가족에 대한 사랑과 가족의 중요성이 항상 중심에 있다. 그러므로 필리핀 문화의 가장 근본은 가족이다.

옛날 우리도 이런 형태의 문화를 가졌고 그 근본을 소중하게 지켜옴으로써 무언가 바로 서 있는 느낌이 들었다. 하지만 그것이 붕괴되어 버린 지금은 지극히 이기주의적이면서도 집단보다는 개인을 강조하는 개인주의로 가는 것 같아 안타까운 현상들도 있다. 여하튼지 필리핀의 어린이들은 성장과 더불어 자신의 부모와 조부모, 그리고 주변 친인척에 대해서 전적으로 순종하고 공경하는 것을 배우면서 생활하고 성장한다. 뿐만 아니라 자녀들이 성장해서 그 부모와 조부모를 모시고 사는 일 또한 필리핀 사람들에게는 매우 평범하고 당연한 일로 여겨진다.

또한 필리핀 사람들은 친절하기로 유명하다. 특히 외국인에 대해서는 그들을 집에 초대하기 좋아하며 따뜻하게 대우한다. 필리핀인들은 어려서부터 가족이 인생의 전부라고 생각하고 있기 때문에 가족 구성원의 연합이 잘되어 있다. 필리핀 사람들은 타인에 대하여 마음이 넓게 열려 있으며, 타인과 쉽게 일치감을 느낀다. 다른 사람들의 존엄성을 늘 인정하며 같은 인간 동료로서 따스한 감정을 가지고 있다. 그들에게는 PAKIKI PAG KAPWA TAO라는 독특한 언어와 독특한 마음이 있다. 이 단어를 분해하면 3부분으로 구성되어 있음을 알 수 있다. PAKIKI PAG은 행하다$^{to\ do}$의 의미며, KAPWA는 타인^{others}, TAO는 사람^{human}의 의미를 가지고 있다. 이 말을 직역하여 그 의미를 찾는다면 '다른 사람을 위하여 행하다.'라는 뜻이 되겠으며, 비슷한 단어를 찾는다면 '이타주의'가 될 것이다. 필리핀인들에게는 이 말이 모든 인간 관계성을 형성하고 있다. 그들은 항상 타인을 향하여 열려 있어 타인을 공정하게 대하며 친절한 관심을 보인다. 또한 필리핀 사람들은 타인의 감정에 대하여 대단히 민감하고 그 감정을 건드리지 않기 위하여 조심한다. 또한 타인을 쉽게 신뢰한다. 그리고 한번 신세를 지면 그것을 결코 잊지 않고 마음에 간직한다. 도박, 사치벽이 심한 기질이 있고, 숙명론적 인생관을 가지고 있다. 또 기후 탓인지 인내심이 부족하다. 일례로 '나가스코곤'이라는 말이 있는데 처음에의 뜨거운 열성이 나중에 수그러드는 현상을 말한다. 그리고 정치에 대해 강한 관심을 가지고 있다. 전통적으로 친절한 풍습을 가지고 있으며 특히 가족 구성원 연합이 매우 강하며 혈족에의 충성심이 매우 높다. 협동을 잘하고 돕는 것을 미덕으로 삼으며 지금도 촌락에서 오두막을 이사하면 이웃이 모두 도와주는 풍습이 있다고 한다. 용기 있고 독립심 강하며 비교적 가정에서 여성의 지위가 높은 사회다.

기후변화에 취약한 필리핀

사실 필리핀은 루손 섬을 중심으로 북부지역은 열대몬순기후에 속하고, 민다나오 섬을 중심으로 남부지역은 열대우림 기후를 가지고 있다. 필리핀의 연평균 기온은 26~27℃로서 기온의 교차가 크지 않으며, 연평균 강수량도 2,500mm 정도이나 지역에 따라 차이가 크다. 필리핀의 동해안은 11~4월에 북동무역풍과 북동계절풍의 영향으로 연 강수량은 2,300~3,500mm로 강수량이 많고 건계가 없다. 또한 서해안은 남서계절풍이 탁월한 6~11월은 우계이고 11~5월은 건계다. 이 지역의 강수량은 1,500~2,000mm로서 벼농사와 사탕수수 재배의 적지다. 그 외 필리핀 기후의 특색은 태풍의 피해가 크다는 것이다. 태풍은 동쪽의 서태평양상에서 주로 7~11월에 발생하여 남동에서 북서방향으로 진행되는데 대체로 중북부에 해당하는 루손 섬의 카가얀 평야와 그 북쪽 지역에 풍수해를 입힌다. 그러나 남쪽의 비사야 제도나 민다나오 섬은 태풍의 통과권에서 제외되어 있다.

앞에서 이미 살펴본 기후변화는 전 지구적 현상임에도 기후변화로 인한 피해는 선진국보다는 대응 역량이 부족한 저개발국가 및 빈곤

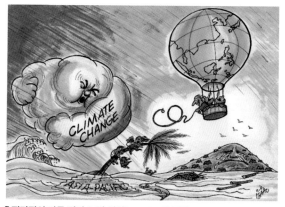

■ 필리핀의 카툰 작가 노먼 이삭Norman-Isaac의 작품

층에 집중되는 경향을 보이고 있다. 전 지구적 부의 편중 현상이 결과적으로 재난에 대한 대응 역량 차이로 이어질까 염려되는 대목이다. 이는 독일의 민간연구소인 저먼와치Germanwatch가 공개한 기후변화 위기지수CRI: Climate Risk Index에서도 여실히 드러난다. 지난 1993년부터 2012년까지 지구상에서 기후변화에 가장 취약한 국가들을 조사한 결과, 소득이 높은 선진국보다 중저소득국이 기후변화에 취약한 것으로 나타났다. 특히 기후변화에 가장 취약한 국가 10개국 중 6개국이 아시아 국가인 것으로 나타나, 이 지역에 대한 기후변화 대응교육이 다른 지역보다 시급한 상황이다. 그런데 이것을 알리는 사태가 필리핀에서 일어났다.

2013년 11월 8일 이른 아침, 필리핀 사마르Samar섬 동부 귀우안Guiuan 지방에 최대 풍속이 시속 275㎞에 달하는 초특급 태풍 하이옌Haiyan이 당도했다. 태풍 하이옌[46]은 9개 지역에 걸쳐 총 1,180만 명의 피해자를 속출시켰다. 그중 4,460명이 사망했으며 92만 1,212명이 난민이 됐고 가옥 24만 3,595채가 소실되었다(11월 13일 기준). 훼손된 집의 절반이 넘는 수는 복구가 불가능할 정도로 심각하게 파괴되었다. 대체 왜 이런 일이 발생한 것일까? 하이옌은 기후변화가 태풍, 허리케인과 같은 극한 기후현상을 일으킨다는 보고가 나오는 가운데 일어난 대참사였다.

필리핀 기상청Philippine Atmospheric, Geophysical & Astronomical Services Administration은 이번 태풍을 기후변화 영향의 일환으로 해석했다. 필리핀 기후정의 운동단체 PMCJPhilippine Movement for Climate Justice의 활동가인 게리Gerry Arances씨는 "이들은 기후변화 사망자다. 그리고 (기후위기의 심각성으로 인해) 더욱 악화되는 일만 남았다."라고 말했다. 11월 11일부터 22일까지 폴란드 바르샤바에서 열린 기후변화협약 제19차 당사국총회COP19에 참석한 필리핀의 예브 사노Yeb Sano 대표는 "극심한 기후위기로 조국은 광란을 겪고 있다. (실효성 있는 협상 결과를 도출해 냄으로써) 폴란드를 광란을 멎게 한 장소로 기억되게 하자."라며 결국 눈물을 보이고 말았다. 예브 사노씨는 이후 발전국가의 온실가스 감축 노력 부족을 질타하며 단식에 돌입하기도 하였다.

태풍이 강타하고 간 필리핀 내에서도 기후변화의 책임을 묻는 기후정의 시위가 벌어졌다. 2013년 11월 11일 농부, 도시빈민, 청년, 여성, 노동자 등으로 구성된 약 1,000명의 시위대가 필리핀 주재 미국 대사관 앞에서 미국 정부에 즉각적인 온실가스 배출저감을 요구했다. 극

▌초대형 태풍 하이옌 강타로 건물의 대부분이 파괴되고 수많은 사상자가 발생한 필리핀 레이테주 타클로반
해안가 건물들이 처참하게 무너져 있다. (출처: 연합뉴스)

한의 기후현상을 유발하고 있는 기후변화의 책임을 미국을 비롯한 다른 발전국가들에 추궁한 것이다.

1995년 IPCC의 제2차 평가보고서에 따르면, 1800년부터 1988년까지 발전국가들이 지구 온실가스의 83%를 배출했다. 이 중 미국이 33%의 온실가스를 배출한 한편 유럽연합은 26%를 배출했다. 필리핀을 포함한 모든 개도국의 배출 책임은 단지 16%였다. PMCJ 레이테-사마르 지역 활동가 겸 〈부채로부터의 해방Freedom from Debt〉 동부 비사야스 지부 사무총장 리디아Lydia Ligahon 씨는 "발전국가는 온실가스 감축뿐만 아니라 기후 빚을 청산해야 한다."라며 "레이테와 사마르의 필리핀인들은 미국과 다른 선진국들이 하이옌 태풍의 손해를 배상하고, 기후변화 취약국이 기후변화에 적응할 수 있도록 필요한 비용을 치러줄 것을 요구한다."라고 밝혔다. 도시빈민 연합체인 KPML의 대표 페드링Pedring Pedrigones 씨도 "가난한 지역사회는 기후변화의 영향에 노출되어 있다. 우리는 기후정의를 바란다."라고 말했다.

기후난민이 속출하고 있는 현실 앞에서 전 세계의 시민사회는 온실가스 배출의 주범인 석탄 화력에 대한 반대 의사를 명확히 하고 있다. 석탄 채굴을 비롯한 모든 새로운 석탄 프로젝트를 금지하고 이에 대한 재정적 지원을 멈추라는 내용을 담은 시민사회 측의 성명서가 지난 11월 18일 기후변화협상장 내에 전달되었다. 필리핀 시민사회도 포함되었다. 기후에 대한 윤리적 정의의 목소리가 높아지면서 기후변화

에 관한 국제협상에서 개도국 입장이 탄력을 받고 있긴 하지만, 필리핀

정부가 풀어야 할 숙제

도 많이 있다. 개발도상

국인 필리핀은 기후정

의의 명백한 피해자다.

그러나 전 지구적 온실

가스 배출에 대한 필리

핀의 책임이 비록 크지

■ 필리핀의 주요 화력발전소

않을지언정 국내 화력발전 의존율은 높은 상황이다. 전체 발전에서 석

탄화력 비중이 32.71%로 가장 높고(2012년 기준), 다음이 수력 20.68%,

석유기반 화력 18.05%, 천연가스 16.81%, 지열 10.85%, 바이오매스

0.7%, 풍력 0.19%, 태양광 0.01% 순이다. 게다가 필리핀 정부가 기업

에 발행하는 석탄 채굴 계약으로, 관습법적으로 인정되어야 하는 원주

민의 토지권이 침해되고 있어 필리핀 정부의 개선이 필요한 상황이다.

필리핀 사회단체인 LRC-KsK^Legal Rights and Natural Resources는 그간 트볼

리-마노보 부족의 권리를 위해 노력해 왔다. 필리핀 에너지부가 주민

동의 절차 없이 트볼리-마노보 영토 안에서 기업의 석탄 채굴을 허용

하면서 원주민의 토지권 침해를 묵인하고 있기 때문이다. 2007년 석탄

채굴 계약을 맺은 두 기업, DAMI^DAguma Agro Minerals Inc.와 BERI^Bonanza Energy

Resources Inc.가 이곳에서 석탄 채굴을 시작했다. 2008년 10월 DAMI는

프로젝트를 중단했으나, 사업은 제너럴 산토스 지역에서 석탄 화력발전소를 세우려던 기업 산 미겔San Miguel Corporation이 이어받았다. 한편 2009년 10월 필리핀 에너지부는 DMCDavid M. Consunji 건설법인에 또 다른 석탄 채굴 계약을 발행해 2010년 채굴이 시작됐다. 필리핀의 거대 건설법인 DMC는 트볼리 영토를 이미 수년간 침범해 온 터였다.

석탄 채굴은 산사태를 일으켰고 채굴 구멍 근처의 집은 쉽게 무너졌다. 외부인들의 총기 소지를 금하는 마을의 규칙은 회사와 결탁한 군인들이 마을을 어슬렁거리며 깨졌고 주민들은 불안에 떨어야 했다. 토지 이용에 대한 사전협의는커녕 고지조차 없이 집을 불도저로 미는 경우도 발생했다. 원주민들은 그 어떤 프로젝트나 경제활동에 대해 사측에도, 필리핀 정부에도 동의한 적이 없다. 지역 원주민들을 대변하는 단체 TAMASCO는 필리핀 에너지부에 2009년 석탄 채굴 계약을 취소하라고 요구했으나 그 어떤 조치도 취해지지 않았다. TAMASCO의 의장 다투 빅터Datu Victor Danyan 씨는 "정부가 우리를 고통스럽게 하고 있다. 조상의 영토에서 채굴과 그 어떤 발전 사업도 허락하지 않으려는 우리의 결정을 듣지도, 존중하지도 않는다."라고 말했다. 필리핀 시민사회는 기후정의를 외치면서 동시에 필리핀이 석탄화력 발전의 비중을 낮출 것을 요구한다. 필리핀이 안팎으로 안고 있는 과제를 풀기 위해서는 기후난민에 대한 국제적인 인정과 지원이 선결되어야 하며 국내를 향한 필리핀 정부의 노력도 병행되어야 할 것으로 보인다.

필리핀의 역사적 배경

필리핀의 역사를 살펴보면 우리와 유사한 역사적 환경을 가지고 있다. 오랜 세월 외세의 침입과 그로 인한 식민지 시대의 경험과 독립 투쟁, 그리고 2차 대전 이후 독립은 되었지만, 미국의 영향력 하에서의 독재부패정권의 출현과 민주화 운동, 민주정부 수립의 절차는 비록 세부적인 것은 다를지라도 우리와 매우 유사한 역사적 배경을 가지고 있다. 그래서 필리핀의 현재를 이해한다는 것은 이러한 역사적 배경을 이해하는 것이 매우 중요하다. 왜냐하면 현재의 정치적 환경이 이러한 역사적인 흐름 속에서 형성되었기 때문이다. 따라서 필리핀의 역사 속에서 정치적, 경제적, 문화적 환경이 어떻게 지금의 필리핀 시민사회를 형성하게 되었는지를 살펴보자.

필리핀은 총 425년간 세 나라의 식민지 지배를 받은 역사를 가지고 있다. 지금의 필리핀 역사는 스페인 식민지 시대부터 시작되었으나 필리핀 역사가들은 그 이전의 기록을 다음과 같이 정리하고 있다. 필리핀의 종족 기원은 우선 약 25,000년 전에 중앙아시아에서 건너온 인도네시아인, 그리고 약 5~800년경에 남아시아에서 배로 건너온 말레이인 등이 있다. 그리고 원주민인 네그리토Negrito는 산악지대로 이주했다. 산악과 섬이 많은 지형적인 여건을 고려해 보면 정착과정에서 자생적으로 발생한 소규모의 바랑가이Barangay단위로 생활을 영위했다고 할 수 있다. 하지만 15세기~16세기에 걸쳐 인도네시아로부터 이슬람교도들이 이주해서 민다나오 섬 일대에 정착하였다. 그리고 1571년 스페인 정복 시에 필리핀의 전체 인구는 약 50만 명이었다.

필리핀의 구체적이고 서술적인 역사는 1521년 3월 31일 세계여행을 하던 마젤란Ferdinand Magellan이 Samar섬에 십자가를 꽂고 미사를 드린 사건부터 출발이 된다. 스페인은 수차례 걸친 원정 끝에 1571년 필리핀을 정복한다. 필리핀의 국명은 당시 스페인 국왕 Philip의 이름에서 유래했으며 약 330년간 스페인의 지배를 받았다.

▍페르디난드 마젤란

중간에 네덜란드, 영국의 필리핀 침략이 있었고 1762~1764년까지는 영국이 잠시 필리핀을 점령하기도 하였으나 1763년 파리의 강대국 회의 결과 영국이 철수하고, 다시 스페인의 지배하에 놓이게 되었다.

스페인은 필리핀을 식민지화하면서 천주교를 이용하여 전국을 행정 단위로 묶었다. 전국을 천주교화하는데 100년도 채 걸리지 않았다. 일정 지역에 성당을 건축하고 성당을 중심으로 학교를 세우고 근처에 동사무소와 같은 지역 사무소를 두고 우체국, 경찰서, 지방 재판소를 운영하였다. 성당을 중심으로 병원이나 지역 보건소를 두었고, 성당 뒤편으로는 공동묘지를 두어 성당에서 관리 운영하게 하였다. 또한 스페인은 자신들의 성당 근처에 시장을 두어 성당을 중심으로 생활 문화가 이루어지도록 하였다. 그래서 출생, 결혼, 장례는 신부의 서명이 있어 야만 행정 관청에 신고할 수가 있고 사망 시에 공동묘지를 얻는 것도 성당을 통하여야 하고 신부, 수사, 수녀들에 의하여 학교가 운영되고, 성당 앞 광장에서 매년 그 동네 축제 행사와 더불어서 모든 공공 행사 가 행해진다. 1587년 이후 필리핀의 대對스페인 저항 운동[47]이 시작된 다. 이후 총 100회 이상의 저항운동이 있었고 이는 4, 5년에 한 번꼴로 일어난 셈이다.

호세 리잘Jose Rizal은 스페 인 식민지배 당시 필리핀의 독립 운동가이다. 스페인의 개혁과 자치운동을 주장하 며 필리핀의 독립을 위해 스 페인과 싸우다 붙잡혔다. 인 트라무로스Intramuros 내에 있는 산티아고 요새Fort Santiago 감옥 으로 이감되어 수감생활을

▌호세 리잘을 위한 기념 현판

하던 중 1896년 필리핀 혁명의 배후 조종자로 지목되어 마닐라 시내 (현재의 리잘 공원지)에서 공개 총살형을 당하였다. 그의 죽음은 필리핀인 들에게 독립 의지를 불사르는 계기가 되었고, 호세 리살은 필리핀 독립

의 아버지로 지금까지 추앙되고 있다. 실제로 학교에서 '호세 리잘'이 라는 과목을 만들어 따로 가르치고 있고, 인트라무로스는 필리핀의 유명한 관광지가 되었다.

1898년부터 시작된 미국의 식민지 통치 동안 근대국가, 교육 체계가 모두 이뤄졌기 때문에 필리핀 사회에서 미국문화를 만나는 것은 자연스러운 일이다. 세계 대부분의 나라에 미국문화는 이미 뿌리 깊게 전파되어 있지만 필리핀의 그것은 식민지와 뒤이은 50여 년의 미군 주둔이 낳은 결과다.

미국의 필리핀 점령 과정은 새로운 제국주의가 식민지를 지배하는 과정을 보여주는 교과서와도 같다. 미국 이전의 제국주의 국가들이 보여준 무력진압 일변도의 지배가 아닌 '해방군, 친구, 자유, 민주주의, 독립국'의 얼굴을 한 채 접근한 뒤 결국은 무력을 사용하여 식민지로 만들고 온갖 불평등한 제도들을 만들어 경제를 지배하는 전 과정은 이후 지금까지도 미국이 다른 나라를 지배하는 모델이 되지 않았나 싶을 정도다. 이 과정은 비단 스페인으로부터 필리핀을 차지했을 때뿐만 아니라 이후 일본에 점령당한 필리핀을 독립시킨 다음 다시 철저한 종속 관계를 만드는 데에도 그대로 되풀이된다.

스페인 식민 시절 당시 미국은 필리핀 독립운동가들의 지원자를 자처했다. 홍콩에 망명 중이었던 필리핀의 독립운동가 아기날도를 비롯해 필리핀 혁명군에 대한 지원도 아끼지 않았다. 이런 까닭에 필리핀 독립운동가들은 미국이 이미 스페인과 명분을 얻기 위한 모의전쟁 (1898년 8월 13일)을 치르고 항복 선언을 받기로 약속했을 때까지도 미국이 새로운 통치자가 될 것이라는 것을 예상하지 못했다. 스페인의 항복 이후 미국과 스페인만 참여한 파리회담에서 미국은 스페인에게 그동안 스페인이 필리핀에 이뤄놓은 많은 발전들에 대한 대가로 2천만 달러를 지불하고 필리핀을 넘겨받게 된다.

그러나 이 모든 과정은 필리핀인들에게는 비밀리에 부쳐졌고 미국은 '제국주의에 반대'하며 잠시 동안 필리핀을 재건하기 위해 도움을 주려고 필리핀에 남아있는 것처럼 행동한다. 이미 1898년 12월 21일, 당시 미국 대통령 매킨리의 필리핀에 관한 미국정책에 대한 최초의 포고문 '호의적인 동화benevolent assimilation' 조차도 1899년 1월 4일에서야 통치권 등의 용어들은 축소된 채 필리핀에 발표되었다. 하지만 이 포고문의 원문이 미군 장교의 실수로 공개되자 필리핀은 다시 독립전쟁에 들어가게 되었다. 1899년 2월 4일 마닐라 시의 산후안 다리에서 미군과 필리핀군의 총격전을 시작으로 1902년 4월까지 진행된 3년간의 필리핀 독립 전쟁은 당시 루손 섬 시민 6분의 1가량이 이 기간에 죽었다고 하는 끔찍한 결과를 낳았다.

미국의 필리핀 통치기간은 1898년부터 1946년까지지만, 이 기간 중 미국-필리핀 전쟁기간(1899-1901)과 일제 침략 기간(1942-1945)을 빼야 한다. 미국의 통치기간 처음에 유화정책을 실시하여서 아기날도Emilio

Aguinaldo가 독립을 선언하지만, 과거의 지배층과의 대립을 해소하지 못하고 기득권 유지를 희망하는 보수주의자들이 전면에 나서게 되면서 미국의 식민지 지배가 시작된다. 전쟁기간 동안 보여준 미군들의 잔혹함 역시 지금 자행되고 있는 미군들의 이라크 병사들에 대한 학대나 시민들에 대한 횡포와 별로 차이가 없다. 사마르 섬 지방에서는 대부분 포로들을 불에 태워 죽였고 맥아더 장군은 포로들을 미군병사들의 과녁 맞추기 연습용으로 이용하게도 하였다. 1901년에는 사마르 지역에서 미군이 전투에 패배하자 그 지역의 모든 남자와 10세 이하의 소년·소녀들을 처형하라는 명령이 내려졌다고 한다. 1902년 4월 16일 공식적으로 필·미 전쟁이 종결되고 필리핀은 스페인에 이어 다시 미국의 식민지가 되었다. 이후 1941년 12월 7일 일본군이 하와이 진주만을 기

▮ 클락의 미군묘지

습한 뒤 이어 필리핀을 공격하여 다음 해 1월 2일 마닐라를 점령한 뒤엔 3년 동안 일본의 식민지가 되었다.

1945년 2월 23일 태평양 전쟁에서 패배하기 시작한 일본으로부터 미국은 다시 필리핀을 탈환한다. 미국의 식민지 시절부터 과도 정부를 구성해 독립을 준비해오던 필리핀은 47년 7월 4일 미국으로부터 독립이 선포되었고 공화국 초대 대통령으로 로하스가 취임하였다. 비로소 300여 년에 걸친 식민지 역사를 마치고 주권국가로 독립하게 된 것이다. 그러나 미국, 일본과의 두 번의 전쟁으로 인해 필리핀의 모든 사회 기반은 90% 이상 파괴된 상태였다. 군사적 기반이 거의 없는 상태에서 소련, 중국 등 사회주의 국가의 침입가능성은 자연스럽게 필리핀이 다시 미국의 영향력 아래에 놓이게 하는 순서를 밟는다.

오랜 전쟁과 값싼 필리핀 노동력과 상품(설탕, 잎담배 등)의 유입으로 미국 내의 경제, 정치적인 상황 역시 어려움을 겪고 있었기 때문에 더 이상 필리핀은 미국의 식민지로서의 가치는 없었다. 그러나 여전히 필리핀이 갖고 있는 자원과 지리적 조건은 미국에게 필요한 것이었으므로 독립을

▌필리핀 클락기지의 미군철수자리

보장해 주는 대신 다른 것을 얻게 되는데 바로 이후 지금까지 필리핀을 미국의 반#식민지로 남게 한 경제적 종속을 위한 'Bell'협정[48]과 미군주둔을 위한 'MBA[Military Bases Agreement]' 협정[49]이다.

1947년 MBA 협정으로 법적인 지위를 얻게 된 미군은 본격적인 기지건설 작업에 들어가게 된다. 중국과 베트남 등 사회주의 국가를 겨냥하여 루손 섬에 집중된 기지는 크게 수빅 해군기지와 클락 공군기지며 바기오 등 주위 도시에도 오락, 레이다 기지, 통신 시설, 미군묘지 등의 여러 미군 정보 시설들이 설치하게 된다. 이 두 기지는 미합중국 태평양 사령부의 직접 관할 아래 인도양, 동남아시아, 북동아시아 전 지역을 연결하는 중앙기지 역할을 하게 된다. 두 기지는 2차 세계대전 이후 치러진 미국의 전쟁, 특히 한국전쟁, 베트남전쟁, 걸프전 등에서 중요한 역할을 담당하였다.

필리핀의 미군기지와 환경

수빅 해군 기지는 원래 1868년부터 1898년까지 스페인 정부에 의해 사용되었던 해군 항이다. 아시아, 태평양을 모두 컨트롤 할 수 있는 위치일 뿐만 아니라 삼면이 높은 산으로 둘러싸여 있고 육지 깊숙이 들어온 수빅 만은 아무리 강한 태풍이 불어도 군함을 안전하게 정박시킬 수 있는 환경을 지니고 있다. 누가 봐도 천하의 군사적 요새가 될 만한 지형을 갖고 있어 스페인 시절부터 줄 곧 해군의 군사기지로 사용되었던 것이다.

2차 세계 대전 이전까지 잠수함 관련 시설과 해군 항으로만 사용되었던 수빅은 한국전쟁을 거치면서 쿠비 해군비행장을 갖추며 복합시설을 갖춘 거대한 해군기지로 확대되게 된다. 이후 수빅 기지는 항공모함을 정박할 수 있는 항만시설과 훈련장, 군수지원시설, 선박수리시설들을 갖추고 서태평양과 인도양에서 작전을 수행하는 미군 7함대를 지원하는 역할을 하였다.

또한 수빅 기지는 핵탄도 미사일을 장착한 잠수함을 보관하는 곳으로도 이용되었다. 공격용 핵무기를 실은 이 잠수함은 잠발레스 산의 원자탄도 막을 수 있는 깊은 동굴에 보관되었다. 루손 섬의 팜팡가 지역의 넓은 평야에 자리 잡은 클락 공군기지는 스페인과 미국의 전쟁이 있었던 1898년 미군 기병대의 훈련 장소로 쓰였던 것으로부터 시작되었다. 이후 미국 식민지 시절부터 계속 기지의 확장이 있었고 1919년에는 본격적인 공군기지로서의 시설들을 갖추기 시작하였다. 일본 점령 시절에는 일본군 '카미카제 특공대'의 출격지로 이용되기도 하였다. 1947년 MBA가 체결된 이후 팜팡가 지역과 딸락 지역 일대는 항공로, 발전소, 격납고 등의 시설을 갖추며 미국의 13 공군기지로서 세계에서 세 번째 규모의 공군기지로 확장된다.

클락 기지는 남아시아의 유일한 미 공군기지로서 인도-태평양 전체를 관장하였다. 태평양 미공군 사령부Pacific Air Forces Command의 지휘 아래 55부대의 홈베이스며 전술전투비행단과 전술공수비행단이 있었다. 클락 기지는 태평양 일대의 모든 미군과 군수품을 운반할 수 있는, 미군에서 가장 큰 수송기가 운행할 수 있도록 10,500 foot의 활주로를 갖고 있으며 또한 Crow Valley Weapon Range라는 최상의 폭격훈련장도 인근에 있었다.

지난 1991년 미군이 필리핀을 떠난 뒤 남겨진 '환경 재앙'으로 수빅 해군기지와 클라크 공군기지 주변 등지에서 수백 명의 어린이들이 백혈병 등 질병을 앓고 있다는 것은 이미 잘 알려져 있다. 그러나 필리

▌클락의 폐허들(미군기지 철수지역)

▌6대 평택시의원들의 필리핀 클락지역 환경조사

▌필리핀 수빅지역 환경오염 조사

핀뿐 아니라 미군이 기지를 반환한 다른 나라의 사례를 통해서도 미군이 '환경 정화'를 했다는 곳의 실상이 어떤지는 쉽게 가늠해볼 수 있다.

필리핀의 미군기지

기지(시설)명	지역	용도
Clark Air Base (Fort Stotsenburg)	Angeles, Pampangga Luzon Island	미공군13기지(PACAF), 아시아 커뮤니케이션 지역, 동남아시아의 병참기지, 미군의 외국 기지시설 중 최대규모.
Naval Station	Subic Bay	
Naval Ship Repair Facility	Subic Bay	미해군 7함대의 핵심지원베이스
Naval Magazine	Subic Bay	
Naval Supply Depot	Subic Bay	
Naval Communication Station	San Miguel	7함대의 모든 통신 중계시설
Naval Air Station	Cubi Point	7함대의 항공모함과 전투기 지원
Mariveles Military Reservation	Bataan Provience	석유 · 윤활유 터미널, 트레이닝지역
Camp John Hay	Baguio City	미군속을 위한 레져시설
Army Communication System	Manila	
Us Army Forces Cemetary	Rizal Province	
Angeles General Depot		
Leyte–Samar Naval Base		
Tawi–Tawi Naval	Sulu Archipelago	
Canacao–Sangley Point Navy Base	Cavite	
Bago–Bantay Transmitter Area	Quezon City	Radio receiveing control
Tarumpitao Point	Palawan	transmitter station
Talampulan Island, Coast Guard No.354	Loran, Palawan	
Naule Point(Loran Station)	Zambales	
Castillejos Coast Guard No.365	Zambales	

91년 9월 16일 역사적인 상원의원의 기지연장 거부 결정으로 필리핀의 미군기지는 모두 철수되었다. 이미 클락 기지는 피나투보 화산이 폭발되면서 철수를 마쳤고 수빅 기지 역시 다음 해인 92년 11월 15일 수빅 만에 걸렸던 성조기가 필리핀기로 교체되는 의식을 끝으로 수빅 기지에서 완전히 철수하게 된다. 스페인 시절부터 거의 4백 년 가까이 외국군에 의해 점령되었던 클락과 수빅 만이 비로소 필리핀의 품으로 돌아오게 된 것이다. 그러자 필리핀 사회는 기지철수로 인해 일어나게 될 많은 변화들을 논의하였고 대안을 준비하였다. 93년 3월 13일 필리핀 정부는 수빅을 자유항^{Subic Free Port}으로, 4월 3일 클락을 특별경제구역^{CLArk Special Economic Zone}으로 선언하고 경제개발 프로그램들을 준비한다.

▌피나투보 화산 폭발로 만들어진 화산재

그러나 기지철수에 관한 그 많은 논쟁과 대안 가운데에서 아무도 기지주둔으로 인해 일어났을 '환경문제'에 대해선 주목하지 못했다. 아무도 어떤 일이 앞으로 일어날지 상상하지 못했던 것이다. 91년 6월 12일 팜팡가 지역의 피나투보 화산이 폭발하였다. 수일에 걸쳐 일어나 화산폭발로 클락 미군기지까지 파괴되기 시작하자 미군은 서둘러 철수하게 된다. 피나투보 산에 살던 많은 원주민들을 비롯해 팜팡가와 딸락 지역 일대에는 2만여 세대의 난민들이 발생하게 되었다. 난민들을 수용하기 위해 정부는 철수한 기지 안의 CABCOM^{Clark Air Base Command 이하 캄콤}에 난민촌을 만들게 된다.

약 7천 세대가 캄콤에 설치된 난민촌에서 천막이나 미군이 사용했던 막사 등에서 생활하기 시작한다. 정부는 203개의 펌프 우물을 파이 물을 식수와 생활용수로 사용하게 했다. 캄콤에 거주하던 난민들은 이 물에 기름이 뜨고 색이 이상하며 냄새도 난다는 것을 알았다. 그러나 다른 대안이 없던 그들은 그냥 그 물로 생활하였다. 어느 날부터 캄콤 안에는 자꾸만 아이들이 아프기 시작했다. 태어난 지 2, 3일 만에 아이들은 고열과 설사를 앓다 죽어가고 임산부들의 유산이 잦아졌다. 어른들도 피부병 등을 앓기 시작했다. 하루에도 두세 명의 어린아이들이 죽었고 캄콤으로 오기 전까진 멀쩡했던 아이들도 앓기 시작했다. 태어난 아이들은 아무리 시간이 흘러도 말을 하지 못하고 걷거나 서지도 못했다.

▌클락 폐기물 오염지대

▌수빅 만

사람들은 화산에 이은 또 다른 재앙이 캄콤 안에서 발생하고 있다는 것을 알기 시작했다. 그 재앙은 바로 캄콤의 땅에 만든 우물로부터 시작된 것이었다. 원래 캄콤 일대는 클락 기지의 모터폴motor pool로 사용되었다. 온갖 차량들이 이곳에서 연료를 공급받고 수리를 하였었다. 이 과정에서 나온 기름이나 화학물질들은 바로 땅 밑으로 흘러들어 갔고 캄콤의 난민들은 그 물을 마시고 생활한 것이다. 이후 전문가들은 조사를 통해 그 물과 땅에 납, 수은, 질산, 석유, 기름 등이 포함된 것을 밝혀냈다.[50]

1992년 11월 15일 수빅 만의 성조기가 필리핀 기로 교체되고 11월 24일 항공모함 벨리우드 호가 수빅 만을 떠나며 미 7함대 수빅 해군기지는 막을 내렸다. 필리핀 정부는 기존의 항만, 선박설비시설들을 활용하고 수빅 만의 아름다운 자연자원을 관광 상품으로 만들기 위해 미해군이 있던 모든 곳을 '수빅 자유항 지역Subic Free Port Zone'으로 선포하고 이를 관장하기 위해 SBMASubic Bay Metropolitan Authority를 만들어 외국인의 투자유치에 열을 올린다. 그러나 미국과 미해군의 자체 보고서를 통해서도 이미 수빅 만에서 미군이 전혀 환경을 고려하지 않고 각종 행위를 했다는 것이 알려지기 시작했다. 수빅의 선박수리시설, 대규모의 산업과정에서 쓰인 심각한 중금속과 독성화학물질에 대한 경고가 세상에 드러나기 시작한 것이다. 그리고 전 기지 노동자들이 일자리를 잃지 않기 위해 감추고 있던 직업병을 호소하고 있는 실정이다.

캄보디아와 그 환경

캄보디아는 크메르 제국의 다른 이름인 캄부자柬埔寨(산스크리트어)에서 유래한 프랑스어 캉보주Cambodge가 영어화된 것을 받아들인 것이다. 1970년 이전 왕국시대에는 캄보디아로 불려오다가, 1970년 론 놀의 쿠데타로 공화국이 성립되자 국명이 크메르 공화국으로 바뀌었다. 1975년 4월 크메르 루주Khmer Rouge, ខ្មែរក្រហម Khmêr Khrôm(크메르어)에 의해 수도 프놈펜이 함락되고 국명은 또다시 민주 캄푸치아로 바뀌었다. 4년 뒤인 1979년 베트남의 지원을 받은 헹 삼린가 캄푸치아 인민공화국으로 바꾸었다가, 이후인 1993년에 현재의 국명으로 되돌아왔다.[51] 캄보디아는 정말 역사적으로 굴곡이 많은 국가다. 캄보디아는 상당히 오랜 역사를 가진 나라들 중에 하나로 2000년 전 부남扶南이란 나라가 세워졌다는데, 캄보디아에서는 '프놈'이라는 이름으로 부른다. 사실 이 나라 구성원이 현대 캄보디아인의 선조인지 아니면 참파와 동일한 오스트로네시아인이 선조인의 논란은 지금

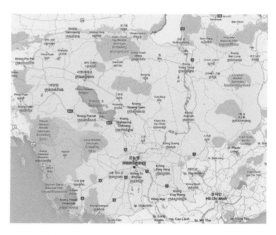

■ 캄보디아 지도

도 있으며, 둘 다 살던 다민족 국가란 설도 있다. 부남은 인도의 영향을 받았고, 상업으로 잘 나갔으나 비교적 내륙 쪽에서 시작된 진랍眞臘 왕국에게 밀리기 시작한다. 진랍은 부남의 속국이었으나 이후 부남을 밀어냈으며, 이때부터 확실한 크메르족의 역사가 시작된다. 8세기 진랍은 내륙의 육진랍陸眞臘과 바닷가의 수진랍水眞臘으로 나뉘어 있었는데, 수진랍은 인도네시아의 자바에게 시달리곤 했다. 그러다가 자야바르만 2세ជយវរ្ម័នទី២가 자바로부터 독립한 후 육진랍까지 통합해 9세기 앙코르 왕조의 크메르 제국이 세워진다. 캄보디아는 181,035㎢의 면적을 가지고 있다. 북서쪽으로는 태국과 800㎞의 접경하고, 북동쪽으로는 라오스와 541㎞를 접경하고, 1,228㎞를 동쪽과 남동쪽으로 베트남과 접경하고 있다. 타이 만을 따라서 443㎞의 해안선이 있다.

또한 동남아시아의 대부분의 나라들이 그렇듯이 캄보디아의 기후는 우기와 건기로 구분된다. 우기는 캄보디아 연 강수량의 75%가 내리는 5~10월 사이의 남서쪽 몬순과 함께 찾아온다. 따라서 우기에는 비가 매우 잦으며, 우기의 절정인 7~9월에는 사흘에 두 번 이상 비가 내리기도 한다. 이러한 비는 하루 종일 내리는 때도 있지만, 주로 몇 시간 내에 집중 호우로 쏟아지는 경우가 많다. 길에는 먼지가 덜 날리고 싱그러운 녹음이 짙어지는 시기이기 때문이다. 특히 앙코르 와트는 우기에 그 아름다움이 극에 달한다. 벽면의 부조도 우기에 더욱 뚜렷한 모습과 느낌을 자아낸다. 번개 치는 폭우 뒤로 비치는 앙코르 와트는 그야말로 숨이 멎을 듯한 비경이다. 캄보디아 내에서도 까르다몸 산 Cardamom Mountains에 가장 많은 비가 내리며, 해안 지역도 파도가 높고 비도 많다.

건기는 10월~이듬해 4월로 먼지가 많은 북동쪽의 몬순이 찾아오는 계절이다. 헤어드라이어의 강한 바람처럼 불어보는 북동쪽 몬순은 순식간에 국토 전역을 바싹 말려 버린다. 11~1월 사이는 상당히 시원하지만 (섭씨 20도 안팎) 4월이 되면 기온이 치솟고 매우 건조하다.

캄보디아의 정치체제는 입헌군주제로, 국가원수는 국왕이나 정부수반인 총리가 실질적인 국정을 운영한다. 국가원수는 노로돔 시하모니Norodom Sihamoni 국왕이며, 그는 부친 노로돔 시아누크Norodom Sihanouk에게서 왕위를 물려받아 2004년 10월 29일에 즉위하여 지금까지 통치하고 있다. 정부수반은 캄보디아국민당CPP, Cambodia People's Party 소속인 훈센Hun Sen이다. 의회는 양원제로 국회와 상원으로 구성된다. 국회는 임기가 5년이며 123석이고, 상원은 임기가 6년으로 61석이다.[52]

▌캄보디아 방문(앙코르와트)

"캄보디아에 무엇이 가장 필요한가?" 대부분의 사람들은 "빈곤에서 벗어나는 것"이라고 대답할 줄 알고 있지만 사실상 캄보디아인들 대부분은 "평화"라고 대답한다. 가난의 문제보다 평화롭게 사는 것이 더 시급하다고 대답했다. 평화를 원한다고 대답한 사람들의 비율도 다른 항목에 비해 압도적으로 높다. 이에 저자가 정치가 경제보다 중요하다고 느낀 것이 이때다.

캄보디아가 직면하고 있는 문제는 날로 증가하는 인구를 먹이고, 교육하고, 주택문제를 해결하는 것이다. 캄보디아의 인구는 베트남의 연간 1.1%, 인도의 1.3%에 비해 빠르게 증가하고 있다. 또한 본격적인 성장이 시작되기 전에 인프라와 서비스 구축을 위한 대량의 추가 투자를 필요로 하고 있다. 신규 주식시장은 추가로 외국 자본을 끌어들여 여백을 채울 수 있을 것이다. 특히 안정적인 저축정책과 대가족 제도를 지탱하는 사회 안정 정책을 만드는 것이 도움이 될 수도 있다.

그럼에도 캄보디아에 있어서 가장 무서운 적은 뭐니뭐니해도 부정부패다. 아시아 내에서도 캄보디아의 재산권리는 열악하고, 국제투명성 조사기구의 부정부패척도에서도 최하위에 속한다. 세계은행은 캄보디아를 소규모 사업을 시작하기 가장 어려운 국가로 분류했다. 이와 같은 문제를 해결하기 위해서는 최고위층의 행동이 수반되어야 하며, 각계각층 정부관리로부터의 부정부패 척결운동이 있어야 한다. 한국인이 가장 많이 찾는 캄보디아의 앙코르와트 유적지가 개발이냐 보존이

냐를 놓고 큰 고민에 빠졌다. 앙코르와트 유적지를 총괄 관리하는 압사라위원회는 최근 관광객의 수가 급증하면서 사원의 훼손이 심해져 대책 마련에 분주하다.

게다가 캄보디아의 쓰레기 처리문제는 심각하다. 프놈펜에서 하루 평균 미처리 폐기물 1,500톤이 Dangkor 매립장으로 향하고 있고 4~6년 후에 매립장의 수용성이 한계에 이를 것으로 전망된다. NGO COMPED의 연구에 따르면, 토지 가격은 상승 중인데 매립할 장소는 점점 도시로부터 멀어져 운송비용 또한 증가해 폐기물 처리에 들어가는 비용이 2014년 약 1,190만 달러에서 2022년까지 약 3,500만 달러까지 상승할 전망이다. 작년 프놈펜 환경미화원들이 임금 인상을 목적으로 파업해 도시 내 쓰레기 문제가 심각해졌고, 임금인상은 결국 타결되었다. COMPED의 조사에 따르면, 5년 안에 폐기물 처리문제를 해결하지 못하면 이전 환경미화원들의 파업 때보다 훨씬 심각한 문제가 발생할 것이라고 전망하고 있다.

▌캄보디아 곳곳의 쓰레기 더미

앙코르와트

앙코르와트는 캄보디아 앙코르톰에 있는 문화유적이자 세계 최대 규모의 사원이다. 시엠립주의 주도인 시엠립에서 4㎞ 정도 떨어진 위치에 있다. 12세기 초 크메르 제국의 왕인 수르야바르만 2세에 의해서 왕조를 위한 사원으로 만들어졌고, 원래는 바라문교敎의 사원으로 3대 신神 중 하나인 비슈누 신을 봉헌하는데 유래되었다가 나중에는 소승불교 사원으로 사용하게 되었으며 지금까지 꽤 오래된 가치를 가지고 있는 유적이다.

앙코르와트는 크메르의 세계적인 문화유적지다. 크메르어로 '앙코르Angkor'는 '왕도王都' '와트'는 '사원'을 뜻하므로 '앙코르와트'는 '왕도의 사원'이란 뜻이 된다. 여기서 '왕도'는 앙코르 왕조(802~1432)의 수도를 일컫는다. 건물이나 장식·부조에서는 인도의 바라문교의 영향이 역력하며, 동남아시아나 서역적인 요소도 엿보이지만, 크메르의 독창적인 양식이나 장식이 더욱 돋보인다. 유적은 동서 1,040m, 남북 820m의 터에 자리 잡고, 폭 220m의 해자垓字에 둘러싸여 있다. 서면의 입구 정문에는 길이 235m의 탑문塔門이 세워져 있으며, 탑문에 들어서면 폭 9.5m, 길이 475m의 성도聖道가 일직선으로 사당까지 쭉 뻗어 있다.

주요 건물은 계단식 피라미드 모양을 한 3중重의 회랑과 거기에

에워싸인 중앙사당이다. 제1 회랑의 길이는 동서가 215m, 남북이 187m나 되며, 그 안쪽 벽면에는 「마하바라다」와 「라마야나」 같은 인도의 서사시가 새겨져 있다. 15세기 앙코르 왕조가 멸망하면서 정글 속에 묻혔던 이 유적은 1861년 프랑스의 한 고고학자에 의해 발견되었다.[53]

한때 앙코르 왕조의 멸망으로 정글 속에 파묻혀졌다가, 1861년 캄보디아가 프랑스 식민제국의 지배를 받을 때 프랑스인 박물학자가 이곳을 발굴하게 되면서 세상에 알려졌다. 매년 200만 명에 육박하는 관광객이 몰려들면서 그들이 눌러대는 카메라 플래시와 오르내리는 발자취는 건물의 균열을 가져오고 돌로 만들어진 구조물까지 와해 직전

▌앙코르와트에서

이다.

관리원들의 만류에도 불구하고 수많은 관광객들은 정교한 조각들을 만져 더러는 자취를 알아보기 힘들 정도가 되기도 했다. 한때 압사라위원회의 부위원장은 "지금처럼 200만 명에 육박하는 많은 관광객들이 들어오면 유적지의 훼손은 불가피하다. 우리는 유적지의 유지를 위해 최선을 다하고 있으나 현실적으로 일부 사원의 경우 와해를 막기가 쉽지 않다"고 말하고 "지금 우리가 할 수 있는 일은 그저 훼손을 최소한으로 줄이는 것일 뿐"이라고 말했다는 보도를 보고 그 실상이 걱정되었다.

수년 전만 해도 몇 개의 작은 호텔과 여관 등이 전부였던 시엠립에는 최근 특급호텔과 대형 음식점 등이 마구 몰려들어 이들이 소비하는 물이 앙코르와트의 와해를 촉진하고 있다. 수백 개의 호텔과 음식점 위락 시설 등은 정부의 규정을 무시하고 마구잡이로 수원을 개발해 물을 뽑아 올림으로써 앙코르 지역의 수원을 고갈시켜 사원들을 주저앉게 하고 있다. 시엠립 시는 일본의 도움을 받아 수도를 공급

▌앙코르와트에서

█ 와해를 방지한 앙코르와트 유적

█ 앙코르와트

하는 방안을 추진하고 있으나 대형업체들은 많게는 10여 개의 자체 수원을 개발해 사용하고 있는 것으로 추정된다. 앙코르와트 유적지 관계자가 "앙코르 유적을 유지하기 위해서는 시엠립의 대형건물 설립을 중단하고 관광객의 수도 연간 수십만 명으로 줄여야 하지만 연간 15억 달러에 이르는 외화를 거부할 수가 없는 것이 캄보디아의 현실"이라고 말했다는 보도가 있다. 앙코르와트를 중심으로 한 관광 수입은 섬유수출 다음으로 많은 외화를 캄보디아에 가져다주고 있는 실정이다. 이것이 캄보디아의 고민이다.

제4장

소셜 네트워크 서비스와
사회

소셜 네트워크 서비스^{SNS}의 미디어 시대

소셜 네트워크 서비스^{Social Network Service, 이하 SNS}를 한마디로 정리하자
면, 온라인 인맥구축 서비스라고 할 수 있습니다. 자신을 중심으로 하
는 인적 네트워크를 형성하여 유용한 정보를 공유하고 인맥을 관리하
게 해 주는 서비스다. 다시 말해 인터넷상에서 공통의 관심사를 지니고
있는 사용자들 간의 관계 형성을 지원하고, 이렇게 형성된 지인 관계를
바탕으로 인맥 관리, 정보 및 콘텐츠 공유 등 다양한 활동을 할 수 있
도록 지원하는 사회적 서비스라고 할 수 있다. 이것은 1인 미디어, 1인
커뮤니티, 정보 공유 등을 포괄하는 개념으로도 사용되며, 서로에게 친

구를 소개하거나 인간관계를 형성·유지하기 위한 목적으로 개설된 커뮤니티형 웹사이트들이 그 대부분을 구성한다. SNS는 목적에 따라 크게 개인용 SNS와 비즈니스용 SNS로 구분될 수 있다. 대표적인 개인용 SNS로는 싸이월드, 마이스페이스, 페이스북, 트위터, 카카오스토리, 카카오톡 등이 있으며 이는 서로의 의견 나눔이나 공유를 주목적으로 하고 있다. 반면 비즈니스용 SNS로는 링크드인, 링크나우, 후즈라인 등이 있으며, 인맥관리를 목적으로 하는 목적형 SNS라고 할 수 있다.

과거 국내에 가장 잘 알려진 대표 SNS로는 싸이월드를 꼽을 수 있다. 한때 비즈니스용 SNS인 링크나우, 후즈라인 등도 주목받은 적이 있으며, 마이크로 블로그 형식이 소셜 네트워크인 네이버 미투데이, 다음의 요즘, 네이트의 커넥트를 이용하는 회원들도 늘고 있다. 서비스를 제공하는 서역에 따라 다르긴 하지만, SNS에는 개인의 프로필에서부터 신변잡기를 적는 일기. 아바타. 음악, 전문 지식, 상업용 제품 홍보 등 다양한 콘텐츠를 실을 수 있으며, 개인의 기호나 주거지역, 출신 학교 등에 따라 다양한 서비스를 제공할 수 있다. 이용되는 형태도 단순히 개인의 신변잡기에서부터 자신의 인맥관리를 위한 도구, 팬들을 관리하기 위한 연예인의 홍보의 장으로, 제품 홍보를 위한 홍보수단 등 여러 가지 형태로 발전하고 있다. 1969년 인터넷의 모태라고 할 수 있는 미국 국방부 산하 고등연구국의 아르파넷ARPANET이 등장했지만 이 네트워크가 사회적 관계망의 패러다임적 변화를 야기하리라 예측한 사람은 거의 없었다. 그렇지만 인터넷은 1990년대 중반 상업화되면서 진화를 거듭하며 오늘날 거대한 정보의 바다로 성장했다. 그 결과 인터넷은 네트워크 중의 네트워크A network of networks로 불리며 인류의 삶과 사회문화 구조를 거미줄 같은 웹web의 세계적인 네트워크를 구축했다. 최근 인터넷은 웹 2.0이 개념화되면서 기존의 공동체적인 특성과 함께 "SNS"라는 새로운 형태의 인터넷 서비스가 주목받게 되었다. 사실 SNS는 웹상에서 다양한 인적네트워크를 구축하며 정보를 공유하고 의사소통을 도와주는 서비스를 지칭한다. SNS는 좁은 의미로는 실체적인 서비스를 지칭하지만, 웹 기반의 사회적 연계 현상을 통칭하는 용어로 사용된다. SNS에 대한 사회적 관심이 고조되면서 보이드와 엘리슨은 "한정된 시스템 내에서의 공개적이거나 또는 조건부 공개적인public or semi-public 프로필 정보를 형성하여 타인과 연계하고, 시스템 내에서 다른 사람들이 만든 정보를 볼 수 있게 구축된 웹 기반 서비스"로 정의하고 있다.[54]

　소셜 네트워크가 발달하게 된 이유는 사회의 분화와 재통합에 따른 커뮤니티 문화의 진화를 들 수 있다. 개인화와 네트워크화로 대표되는 사회의 분화와 재통합이 나타남에 따라 퍼스널 미디어의 등장이 소셜 네트워킹 서비스의 등장으로 이어지고 이는 곧 퍼스널과 소셜의 융합을 촉진하게 된 것이다. 또한 웹 기반 기술의 발달로 다양한 정보 공유와 네트워킹기능이 확대된 것도 무시할 수 없다. 현재 웹 2.0 기반의 가장 대표적인 웹 기술로는 매쉬업Mash-up, REST, FOX, XML 등이 있으며 또한 웹 애플리케이션들이 새롭게 각광받고 있는 상호 작용 웹 애플리케이션 구성 스타일인, AJAX^{Asynchronous Javascript and XML}의 사용이 확대되고 있다. 이제는 사람들의 친화욕구와 자기표현욕구가 증대하고 있다는 점이다. 개인주의화와 더불어 편리한 인터넷 매체의 발달로 누구나 손쉽게 커뮤니케이션하고 표현할 수 있는 욕구가 증대하고 이러한 트렌드의 이면에는 멀티미디어 양방향성 소통으로 인한 참여와 숙의라는 사회적 합의 체계를 가지고 있다.

초기 SNS는 1995년 미국의 클래스 매이트 닷컴^{Classmates.com}과 식스디그리 닷컴^{SixDegree.com}에서 기원한다. 이 서비스는 사용자들이 서로의 프로필을 공유하여 친구들과 연계할 수 있게 만든 초기 형태 SNS다. 이후 다양한 기술적 보완과 연계기능이 첨가되면서 각종 소셜 정보검색, 동창 찾기, 친구만나기 사이트, 애인 찾기 사이트가 등장하면서 SNS는 본격화된다.[55] SNS는 인터넷상에서 친구, 동료 등 지인과의 인간관계를 강화하거나 새로운 인맥을 형성함으로 폭넓은 인적 네트워크를 형성할 수 있게 해주는 서비스로 미니홈피, 블로그, 마이크로블로그, 프로필 기반 서비스 등을 포함하고 있다. 이렇듯 SNS에 대한 다양한 정의들을 살펴보면 공통적으로 인터넷을 매개로 하며, 특정 목적을 위해 타인과 정보를 공유하거나 사회적 관계 형성을 돕는, 쌍방향 소통 서비스라는 특징을 포함하고 있다. 이러한 SNS는 어떤 기준으로 구분하는가에 따라 다양하게 유형화될 수 있다. 한국방송통신전파진흥원

(2012)은 서비스 기능에 따라 8가지로 유형화하고 있는데, 프로필 기반, 비즈니스 기반, 블로그 기반, 버티컬, 협업 기반, 커뮤니케이션 중심, 관심주제 기반, 마이크로 블로깅으로 SNS를 구분한다.[56]

SNS의 기능별 유형화

SNS 분류	기능	서비스
프로필 기반	특정 사용자나 분야의 제한 없이 누구나 참여 가능한 서비스	싸이월드, 페이스북, 마이스페이스, 카카오스토리
비즈니스 기반	업무나 사업관계를 목적으로 하는 전문적인 비즈니스 중심의 서비스	링크나우, 링크드인, 비즈스페이스
블로그 기반	개인 미디어인 블로그를 중심으로 소셜 네트워크 기능이 결합된 서비스	네이트통, 윈도우라이브스페이스
버티컬	사진, 비즈니스, 게임, 음악, 레스토랑 등 특정 관심분야만 공유하는 서비스	유튜브, 핀터레스트, 인스타그램, 패스, 포스퀘어, 링크드인
협업 기반	공동 창작, 협업 기반의 서비스	위키피디아
커뮤니케이션 중심	채팅, 메일, 동영상, 컨퍼런싱 등 사용자 간 연결 커뮤니케이션 중심의 서비스	세이클럽, 네이트온, 이버디, 미보
관심주제 기반	분야별로 관심 주제에 따라 특화된 네트워크 서비스	도그스터, 와인로그, 트렌드밀
마이크로블로깅	짧은 단문형 서비스로 대형 소셜네트워킹 서비스 시장의 틈새를 공략하는 서비스	트위터, 텀블러, 미투데이

출처: 한국방송통신전파진흥원(2012)

SNS의 영향력은 전 세계적인 사용자 수 증가에서 확인할 수 있다. 이마케터 닷컴http://www.eMarketer.com에 따르면, 2006년 미국 인터넷 사용자 중에서 SNS 사용자는 39%에 불과했지만 2009년 말에는 59%로 증가했다. 대표적 SNS인 페이스북Facebook.com은 일평균 방문자 수는 3,767.9만 명, 마이스페이스도 1,733.3만 명에 달한다. 이와 같이 지금은 단지 SNS가 시대적 유행 아니라 전 세계적으로 많은 사용자를 가지고 있는 새로운 참여형 네트워크 서비스가 각광 받는 시대다.

이와 같은 정보통신기술Information and Communication Technologies; 이하 ICTs 발전과 사회적 수용은 산업사회의 질서와 다른 정보 네트워크사회의 질서를 만들 수 있다. 무엇보다 SNS로 상징되는 새롭게 구성되는 다양한 정치, 경제, 문화, 미디어의 변화상을 구현하고 있다. 그런 맥락에서 본다면, ICTs의 급격한 발전은 사회적 규범과 문화, 법, 제도적인 측면의 새로운 변화를 양산하는 토대가 된다. 물론 급격한 기술발전이 모든 것을 결정한다는 기술결정론적인 시각에서는 기술의 사회변화 가능성에 주목하지만 그 시기가 지나고 안정화되면 결국 ICTs는 사회적 맥락social contexts에서 재형성된다. 기술과 사회적 수용이란 두 힘의 역학관계에 따라 변화가 소용돌이치며 수렴과 융합, 분화가 반복되는 것이 정보 네트워크 사회의 특징이라 할 수 있다. 인류의 삶은 ICTs 기기로부터 잠시도 떨어질 수 없고 심지어는 무선 인터넷과 스마트 폰smart phone의 등장으로 기술과 인간의 삶이 단지 온라인과 오프라인이 아닌 융합적인 모습으로 나타나고 있다. 그리고 여기에 SNS가 결합되면서 새로운 관계의 사회적 관계와 구조를 형성하고 있다.

최근 발표된 페이스북의 2013년 1사분기 실적자료에 의하면 페이스북의 전 세계 가입자 수는 11억 1,000만 명[57]에 달하며 전년 대비 23%나 증가하였다고 한다. 2004년 하버드 대학생이었던 마크 주커버

그가 교내활동을 위한 사회적 매체로 사용하기 위해 만든 페이스북은 불과 10여 년 만에 전 세계인을 연결하는 주요한 소셜 미디어가 된 것이다. 현대인은 Web의 등장으로 과거 물리적인 시·공간적 제약을 뛰어넘어 지구 반대편에 있는 타인과도 소통하며 자신의 지식과 경험을 공유하는 삶을 구현하고 있다. 이러한 삶의 중심에 '소셜 미디어'가 있다. 음성언어에서 출발된 인간의 의사소통수단은 음성언어의 한계로부터 문자언어를 탄생시켰고, 의사소통뿐만 아니라 정보전달을 위한 시·공간적 제약을 뛰어넘기 위해 인쇄매체, 전파매체, 통신매체를 발전시켰다. 특히 IT 기술의 발전으로 컴퓨터와 인터넷의 등장으로 음성정보와 문자정보를 웹상에 싣게 되면서 기존의 대중매체가 실현하였던 정보공유의 범위를 더욱 확대시키고 있다. 이제는 인터넷에 접속할 수 있는 도구만 있다면, 다양한 소셜 미디어를 이용하여 전 세계인을 대상으로 특정 개인의 주변부에 대한 정보를 전달과 공유를 할 수 있는 시대가 도래하였다.

이러한 소셜 미디어의 특징으로는 참여Participation&대화Conversation, 개방Openness, 커뮤니티Community, 연결Connectedness로 나눌 수 있다. 미디어는 특정 주제에 관심이 있는 사람들의 참여를 촉진시킨다. 이로 인해 상호 의견 교환 및 공유가 쉽도록 기능을 제공한다. 기존의 미디어는 정보 생산자가 소비자에게 일방향으로 정보를 제공했지만, 소셜 미디어는 참여자들이 쌍방향 커뮤니케이션의 구조를 가지게 되었다. 다시 말해 이것이 **참여&대화**인 셈이다. 다음 특징으로 소셜 미디어는 많은 사람들이 참여할 수 있도록 **개방**Openness되어 있기 때문에 정보 생산 및 공유가 쉽다. 또한 소셜 미디어는 특정 주제나 관심사를 중심으로 그룹이나 **커뮤니티**Community를 쉽게 형성하도록 도와준다. 그리고 링크 및 다양한 미디어의 결합을 통해 다른 시공간 및 사용자와 **연결성**Connectedness을 가지며, 연결의 확장성을 통해 세력을 확대된다.

이렇게 과거의 매스미디어는 대규모 자본을 지닌 정보 생산자에 의해 일방적으로 편집된 정보를 유통하는 구조를 지녔으나 소셜 미디어는 수많은 개인들의 경험과 지식, 글정보를 쌍방향으로 생산, 소비하는 구조를 지녔다는 점이 다르다. 이제 미디어는 개인 누구나 소유할 수 있는 것이며, 누구나 자신의 경험과 정보를 외부에 전달하고 소통할 수 있는 시대를 맞이했다. 사회 구성원 누구나 미디어를 가질 수 있는 것이 바로 소셜 미디어 시대인 셈이다.

소셜 미디어의 형태로는 소셜 네트워킹, 소셜 콘텐츠, 소셜 어텐션, 소셜 협업 등이 있다. 소셜 네트워크는 블로그와 마이크로 블로그가 있는데, 블로그는 PSS를 통해서 발행자와 구독자라는 소셜그룹을 형성하고, 트랙백을 통해서 다른 블로거와 커뮤니티를 형성한다. 마이클블로그는 짧은 문장을 매개로 익명의 타인과 만나고 커뮤니티 서비스다. 소셜 콘텐츠는 콘텐츠를 통해 사회적 경험과 정보를 공유하는 기능과 서비스인데, 유튜브, 아프리카 등 단순히 감상하는 수준을 넘어서

댓글, 퍼가기 등을 통해 추가 정보 공유 및 정보 확산을 돕는다. 이 과정에서 새로운 콘텐츠가 재생산된다. 소셜 어텐션은 사회 구성원의 한정된 자원인 주의를 공유시키는 서비스다. 대표적으로 사람들이 즐겨 찾는 주소를 공유하는 소셜 북마크 등이 있다. 마지막으로 소셜 협업은 사회 구성원이 모여 특정 작업을 완수하는 일을 말한다. 예를 들어 위키피디아(누구나 항목을 추가, 수정할 수 있는 소셜 사전)나 구글 우이브 등이 있다.

SNS와 정치문화

미디어로서 SNS는 정치인 또는 정치 집단과 유권자, 국민들을 매개하는 기능을 한다. 이른바 정치적 기능이다. 첫째, SNS는 유권자들과 정치 관련 정보를 공유하는 매개체 역할을 한다. 여기엔 SNS가 지닌 몇 가지 특징에서 비롯된다. 메시지 전달의 신속성, 메시지의 지속성과 복제가능성, 전달의 광범위성, 비용의 경제성 등이 포함된다. 그래서 사람들은 자기가 보는 장면을 바로 SNS를 통해 다른 사람들에게 전달할 수 있고, SNS를 이용하는 사람들은 어느 장소에서나 때를 가리지 않고 그 장면을 확인할 수 있다. 이런 과정을 통해 SNS는 다른 어떤 매체보다 빨리 많은 사람들에게 소식을 전달하고 받을 수 있다. SNS는 다양한 사람들을 연결시키고 모으는 역할을 한다. SNS가 지닌 참여, 공개, 대화, 그리고 연결의 편의성이라는 특성은 이런 역할을 가능케 한다.

정치사회화Political Socialization는 사회의 구성원이 그 사회에서 일반적으로 이루어지고 있는 정치적 가치관이나 태도를 습득하고 동화해 가는 과정 또는 세대 간의 정치문화를 계승하는 과정을 말한다.[58] 정치사회화의 과정은 아동기, 청년기, 성인기의 3단계의 발달단계에 따라 이루어진다. 아동기에는 성인기의 가치체계나 태도 등을 무비판적으로 받아들이기 쉬워 감각적, 정서적인 색채가 농후하게 나타난다. 청년기에는 아동기에서 형성된 정서적이며 이상화된 정치적 이미지로부터 보다 현실적이며 이상적인 정치성향을 설정하기 때문에 여러 가지 정치적 사회적 문제에 대해 회의를 느끼고 비판을 가하게 된다. 성인기에는 재사회화나 정치성향을 크게 수정하는 경향으로 발달한다.[59] 이렇듯 정치사회화는 홀로 이루어질 수 없기에 매개체가 필요하다. 그 매개체는 성인기의 부모세대가 될 수도 있고 TV, 라디오와 같은 대중매체나 책과 같이 사회의 일반적인 정치적 가치관을 습득할 수 있는 수단이 매개체가 된다. 이러한 점에서 소셜 미디어 역시 정치적인 성격을 가지기에 정치사회화의 매개체가 된다. 하지만 소셜 미디어는 정치사회화의 매개체로써 다른 매개체들과는 다른 특별한 성격을 가진다. 그것은 방대함과 무 분별성, 제한성이다. 부모세대와 대중매체가 정제되고 절제된 정치적 정보를 전달하는 반면 소셜 미디어는 정치적 정보를 주는 대상이 나이, 성별, 학벌, 사회적 계층 등 개인의 사상이나 지식과 무관하며 그들이 주는 정보는 극히 개인적인 의견이며 그 의견에 대한 책임 역시 가지지 않기에 과격하며 정제되어있지 않다

SNS는 특정 신분이나 계층에 상관없이 누구나 참여할 수 있는 매체인 동시에 개인의 일상사와 관심 등을 함께 공유할 수 있는 공간이다. 그래서 SNS에서 유통되는 정보는 질과 종류에 제한이 없고 유통과 교류의 과정이 네트워크 안의 모든 사람들에게 공개되고 2차적으로는 자신과 직접적으로 연결되지 않은 사람들과의 네트워크로도 연결된다. SNS는 다양한 정치학습의 매개 역할을 한다. SNS를 이용하는 사람들은 정치인에 한정되지 않는다. 특정 이슈에 대해 찬성하고 반대하는 사람들이 자신의 의견을 담은 글을 쏟아놓는다. 이 과정에서 사람들은 기존의 언론매체에서 다루지 못한 다양한 정치 관련 정보를 얻게 된다. SNS 커뮤니티 속성은 공통의 관심사에 대해 이야기할 수 있으면서도 커뮤니티의 중심은 각각의 개인이라는 점이다. 각자 자기가 원하는 사람을 골라 커뮤니티를 구성할 수 있고 특정한 사람을 커뮤니티에서 제외할 수 있는 선택의 권한도 가질 수 있다. 이전 인터넷 커뮤니티에서는 한계가 있었던 SNS 커뮤니케이션의 쌍방향성이다. SNS는 다양한 미디어의 조합이라 링크를 통해 다양한 개인의 연결이 가능한 만큼 서로 다른 분야에서 다른 수준의 정치참여가 가능해진다. 기존 매체를 통

해서는 쉽게 만나거나 접할 수 없는 사람들을 SNS에서는 누구나 쉽게 만나고 의견을 나눌 수 있다.

아래의 그림은 2014년 1월 기준 전 세계와 대한민국의 스마트폰 보급률과 소셜 미디어를 이용하는 인구를 나타낸 것이다. 이 그림에서 볼 수 있듯이 소셜 미디어는 전 세계적으로나 국내에서나 그 규모가 큼을 알 수 있다. 이러한 소셜 미디어 규모의 확장과 함께 소셜 미디어는 정치·사회적 영향력을 가지게 되었다. 먼저 유명한 국외의 사례들로써 그 영향력들을 알 수 있다. 2010년에서 2011년에 걸쳐 일어난 튀니지 혁명과 2011년 이집트 혁명은 장기집권을 했던 대통령에 반하여 일어난 혁명이다. 두 경우 모두 장기집권에 따른 정부의 부패가 만연했고 TV나 신문과 같은 대중매체

▌전 세계와 대한민국의 소셜 미디어 이용 현황

는 정부에 통제되어 왜곡된 정보를 알려주고 있었다. 국민들은 정부의 부패에 대한 처벌과 언론의 자유화를 외치며 혁명을 일으켰는데 이때 혁명의 시작과 사건의 진행에 소셜 미디어가 큰 영향을 미쳤다.

튀니지 혁명의 경우 실직 중이던 26세 남성이 경찰에게 폭행을 당하고 이 남성은 경찰의 부당함에 항의하기 위해 지방청사 앞에서 분신자살을 시도한다. 이 영상은 페이스북을 통해 전 세계로 퍼져나갔고 튀니지 정부의 부패 역시 전 세계로 알려지게 되었다. 이 사건을 시작으로 정부에 반하는 시위가 시작되었다. 이 시위를 주도한 계층은 청년층으로 정부 발표의 실업률에 비해 30% 더 높은 실업률을 겪고 있던 청년들은 이 사건을 계기로 언론의 자유화, 정부의 부패에 대한 처벌 등을 외치며 시위를 주도하였다. 그들은 전 세계에 이 사건을 알리며 또한 전국적인 시위의 진행을 위해 소셜 미디어를 이용하였고 결과적으로 튀니지 정부의 부패에 대한 혁명의 진행이 전 세계로부터 관심과 지지를 받았고 정권의 퇴진이라는 결과를 얻었다.

이집트 혁명은 튀니지 혁명에서 그 영향을 받아 일어난 혁명으로 경찰의 폭력에 의한 사건과 페이스북을 통해 이 사건을 알렸고 이것이 시위의 시작이 되었다는 것에서 유사성을 가진다. 하지만 이집트 정부는 튀니지 혁명에서 소셜 미디어가 가지는 영향력을 보았기에 시위가 확산되려 하던 단계에서 인터넷 서비스를 중단시킴으로써 이 시위를 중단시키려 했다.[60][61]

이러한 행동은 정부가 소셜 미디어가 정치적 영향력을 가짐을 인식하여 행한 것인데 이렇게 정부에 의한 소셜 미디어의 통제는 러시아에서도 일어났다. 러시아 역시 푸틴이 세 번째 집권을 시작하며 소셜 미디어를 중심으로 푸틴을 비난하는 여론이 강하게 형성되었고 정부는 일정 규모 이상의 블로그와 웹사이트는 정부의 검열을 거쳐야 한다는 법을 만들었다.[62] 대한민국에서 일어난 2004년 노무현 대통령 탄핵 찬성 및 반대 촛불시위[63], 2008년 광우병 촛불시위[64]와 같은 사건 역시 소셜 미디어에서 시작된 사건들이다. 이처럼 정권의 교체나 정부의 제재와 같은 실질적인 움직임이 소셜 미디어와 관련하여 일어났고 이러한 사건들은 소셜 미디어가 본래의 기능인 소통의 기능을 넘어서 정치·사회적 영향력을 가짐을 알려준다. 아래의 그림은 인터넷 커뮤니티에 올라온 정치적인 글들의 목록들이다.

위의 그림의 좌측은 대표적인 좌파성향으로 여겨지는 인터넷 커뮤니티 오늘의 유머(오유)이고 우측은 우파성향으로 여겨지는 일간 베

▌인터넷 커뮤니티 정치게시판의 일정 추천 수 이상의 글들

스트(일베)다. 이 둘은 정치 전문 커뮤니티가 아닌 유머 커뮤니티임에도 정치성향을 가진 이용자들을 위해 운영자가 정치게시판을 만들었고 그 결과 각각의 사이트는 좌파나 우파의 성향을 사이트로 여겨지게 되었다. 두 사이트 모두 주된 정치 지지 성향이 존재한다. 커뮤니티 이용자들은 자신의 정치성향에 맞는 커뮤니티에서 자신의 정치성향의 글들을 적는다. 위의 그림을 보면 현재 일어나는 일에 대하여 뉴스나 인터넷을 통해 얻을 수 있는 정보가 모여 있고 개인적으로 겪은 일들처럼 쉽게 알 수 없는 사건들도 있다. 이러한 점이 방대함이다. 위의 그림의 좌측은 좌파지지적인 제목들이 많고 우측은 우파지지적인 제목이 많다. 또한 그러한 제목들은 자극적이며 상대측에 대한 비난이 담긴 제목들도 보이며 그 내용은 더욱 자극적이며 정제되어있지 않은 극히 개인적인 의견들의 나열이다. 이러한 것이 무분별성이다. 이러한 정치적인 성격은 정치게시판에서 국한되지 않고 유머화되어 다양한 글들에 녹아들었고 그 결과 각각의 유머 커뮤니티는 특정 정치 성향을 대표하는 인터넷 커뮤니티로 여겨지게 되었다. 이러한 점을 보면 소셜 미디어는 공개적인 매체이면서 동시에 한정적이란 점이다. 분명 두 인터넷 커뮤니티는 전국의 다양한 사람들이 이용하는 사이트인데 특정 정치성향을 가진다. 이것이 바로 제한성이다. 이렇게 방대함과 제한적이라는 모순된 두 성격을 가지는 정치사회화의 매개체가 소셜 미디어다.

국내에서 SNS가 정치적 효과를 극대화하기 시작한 것은 2010년

스마트폰 사용자가 본격적으로 확대되면서부터다. 또 이 시점으로 중심으로 페이스북과 트위터 등 SNS 사용자 수도 급격히 늘어난다. 특히 카카오톡과 같은 모바일 메신저는 사용률이 이전에 비해 급증했다. 18대 대선에서 기대 이상으로 힘을 발휘한 것도 역시 모바일 메신저다. 여기에 대해 금혜성[65]은 '소셜 네트워크 시대의 선거캠페인'에서 2012년 18대 대선에서 카카오톡을 중심으로 한 모바일 메신저는 50대 이상의 연령층도 활발히 사용했기 때문에 이들의 투표율을 끌어 올리는데 한몫을 했다는 평가를 받고 있다고 주장한다. 그 주장대로 모바일 메신저가 투표율 증가에 직접적으로 역할을 했는지에 대해서는 이를 증명할 만한 직접적인 근거는 부족하다. 그러나 지난 대선이 끝까지 박근혜, 문재인 두 후보 간 격차가 크지 않고 경쟁구도가 계속된 상황에서 카카오톡과 같은 모바일 메신저는 여러 가지 정치적 정보를 전달하고 선거 분위기를 고조시키는데 일정 부분 역할을 한 것만큼은 분명해 보인다. 이처럼 SNS는 정치적 무관심층을 관심층으로 끌어들이고 개인의 정치적 판단을 하는 데 있어 많은 정보를 제공한다는 차원에서 긍정적 역할을 한다.

SNS의 역할은 여기에 그치지 않는다. 트위터 분석 서비스인 트윗믹스에 따르면 2011년 서울시장 선거 직전인 10월 25일의 트윗은 50만여 건에 달해 8월 초순 33만여 건의 1.5배를 기록했다. 서울시장 선거기간 보름 중 박원순과 나경원 두 후보에 대한 트윗은 98만 5,158개

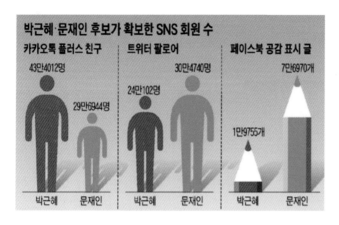

박근혜·문재인 후보가 확보한 SNS 회원 수

카카오톡 플러스 친구	트위터 팔로어	페이스북 공감 표시 글

43만4012명 / 29만6944명
24만102명 / 30만4740명
1만9755개 / 7만6970개

박근혜 / 문재인
박근혜 / 문재인
박근혜 / 문재인

▌대통령 후보들의 SNS 회원 수

로 나타났는데, 이는 2011년 4월 27일 재보선 기간 중 입후보한 주요 후보들에 대한 트윗을 모두 합한 수치(95,792개)의 10배에 이른다.

선거기간 중 두 후보에 대한 트윗 수를 단순 비교하면 박원순 후보를 언급한 것이 약 45만 건, 나경원 후보를 언급한 것이 약 53만 건으로 큰 차이가 없었다. 그러나 내용을 보면 차이가 많았는데 나경원 후보와 관련돼 가장 많이 리트윗된 상위 10개의 트윗이 모두 부정적 내용이었던데 비해 박원순 후보와 관련돼 가장 많이 리트윗된 10개의 트윗은 대부분 긍정적 내용이었다. 결국 SNS에서 박원순 후보의 승리가 실제 선거의 승리로 이어졌다고 볼 수 있으며, SNS 여론이 선거 결과에 직접적인 영향을 줄 수 있다는 것을 보여준다.

SNS와 집단지성

집단지성集團知性, collective intelligence이란 다수의 개체들이 서로 협력 혹은 경쟁을 통하여 얻게 되는 지적 능력에 의한 결과로 얻어진 집단적 능력을 말한다. 소수의 우수한 개체나 전문가의 능력보다 다양성과 독립성을 가진 집단의 통합된 지성이 올바른 결론에 가깝다는 주장이다. 중지衆智(대중의 지혜), 집단지능, 협업지성, 공생적 지능이라고도 한다. 또한 다수의 개체들이 협력과 경쟁함으로써 축적되는 지식을 바탕으로 모아진 집단적 능력이다. 집단적으로 정보와 능력을 공유하면 한 개체의 능력 범위를 넘어선 큰 힘을 발휘할 수 있다는 것으로, 집단지성이 발휘되기 위해서는 다양한 사람이 모여야 하고 타인에게 휩쓸리지 않아야 하며 분산되어 있는 정보를 통합할 메커니즘이 필요하다.

이처럼 개인의 뛰어난 능력이 아니라 대중 혹은 다중이 서로 협업을 통해 얻게 되는 집단적인 지적 능력과 그에 따른 결과를 가리켜 우리는 '집단지성Colective Intelligence'이라고 부른다. 처음 이 개념이 등장한 것은 1910년 미국의 곤충학자 윌리엄 모턴 휠러W. M. Wheeler가 《개미: 그들의 구조·발달·행동》을 통해 개미의 사회적 행동을 관찰하면서부터였다. 휠러는 미미한 개미 한 마리가 함께 모여 일함으로써 거대하고 복잡한 개미집을 만들어내는 것을 보고 집단지성의 개념을 발견하였다. 즉, 개체로서는 미미하지만 군집을 통한 협업이 큰 능력을 발휘하는 것이다.

집단지성은 다양한 개념과 유형이
제시되나, 다음과 같은 공통된 속성을 갖
고 있다. 사용자가 생성하는 콘텐츠는 사
회적 과정에 의해 참여자가 제공하는 정
보의 집합이다. 인간-기계의 상승작용은
인간과 기계가 결합되어 한쪽만으로 얻
을 수 없는 유용한 정보를 제공하는 능력

개미: 그들의 구조·발달·행동

이다. 전문가들에게서 얻어 저장하는 정보에 비해 범위와 다양성, 정보
량이 풍부하다. 규모에 따라 증가하는 성과는 더 많은 사람이 참여할수
록 더 유용함. 정보량이 증가해도 안정적인 처리가 가능하고, 지속적으
로 기여자들이 동기를 부여받을 수 있다. 발현적 지식은 사람들에 의해
직접 입력된 답변이나 지식보다 더 많은 답변과 지식 발견이 추론과 계
산에 의해 가능한 시스템이다.

집단지성의 예로 가장 잘 알려진 집단지성 프로젝트는 정당 활동
으로, 수많은 사람들을 동원하여 정책을 형성하고 후보를 선택하며 자
금을 동원하여 선거운동이 수행된다. 좁은 관점에서 군대, 노조, 기업
등도 집단지성에 대한 순수한 정의에 어느 정도 부합된다. 보다 엄격한
정의에서는, 시민들의 행동을 엄격하게 제한하는 '법'이나 '소비자'로
부터의 명령이나 지도 없이도 매우 임의적인 상황에 대응할 수 있는 역

량이 요구된다.

　구글Google은 우리가 입력한 질문에 대해 놀랄 정도로 지능적인 대답을 생산하기 위해 다소의 독창적인 알고리듬과 정교한 기술을 사용하여 다양한 목적과 특성의 웹사이트를 만드는 수많은 사람들이 창조하는 집단지식을 축적하고 있다. 위키피디아Wikipedia는 정교한 기술력은 다소 덜 사용하지만 전 세계를 걸친 수천만의 지원자들이 자진하여 창조하는 놀라운 온라인 집단 지식을 매우 독창적인 조직 원리와 동기유발 기법으로 만들고 있다. 이노센티브Innocentive의 CEO인 알프 빅함Alph Bigham은 회사에 닥친 어려운 연구 문제를 전 세계에 걸친 네트워크에 있는 수천만 명의 과학자들의 집단지성을 그들의 문제를 해결하는 데 도움이 되도록 이용하였다. 휴렛 팩커드Hewlett Packard, 엘리 릴리Eli Lilly, 구글Google 등과 같은 오늘날의 수많은 기업들은 전통적인 시장조사나 여론조사 또는 다른 기법들보다 더 정교한 예측들을 이끌기 위한 방법으로 그들의 상품 판매와 같은 미래 사건들에 관한 예측을 사고파는 예측시장Prediction Market 이용을 시도하는 선두 기업들이다. 인터넷 대중화는 10년의 역사를 가졌다. 이제 누구나 구글·야후·네이버 등의 정보 검색엔진을 통해 수많은 정보를 무료로 무제한으로 구할 수 있다. 웹 2.0의 시대로 접어들면서 사람들은 더욱더 자유롭게 자기의 생각과 정보를 글과 동영상에 담아 표현한다. 소수의 매체들이 아닌 다수의 일반인들도 정보의 생산, 유통에 참여하는 힘을 나누어 가지게 되었다. 사용자

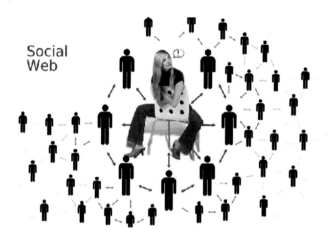

▐ 집단지성

가 직접 콘텐츠를 창작해 공유하는 UCC, 기존에는 덜 중요하던 하위 80% 정보가 중요해진 롱 테일Long Tail, 개방된 서로 다른 기술을 엮어 새로운 서비스를 만들어내는 매시 업Mash-up 등 새로운 정보공유의 방식들이 나와 웹이라는 한정된 공간을 넘어 사회 전반에 변화의 물결을 일으킨다. 집단지성의 시대다. 많은 자원봉사자들이 돕고 있다고는 하지만 단 6명의 정규 직원만으로 운영하고 있는 백과사전 위키피디아Wikipedia 사이트는 집단지성의 가장 성공적인 예다. 세계에서 사람들이 가장 많이 방문하는 15개 웹사이트 중 하나인 위키피디아는 인쇄 형태의 사전들과는 달리 누구나 언제든지 이 사이트에 들어와 내용을 수정하고 추가할 수 있게 한 새로운 형태의 백과사전으로 이제 민주주의는 웹스터

사전에 의하면이 아니라 위키피디아에 의하면 이라고 정의한다. 정보 축적과 공유의 장으로 개미군단의 지식공장이 된 것이다. 지금 이 시간에도 계속해서 업데이트가 되고 있고 전 세계 200개 언어로 그 내용이 계속 추가되고 있다.

집단지성의 시대는 지식·정보의 생산자가 따로 없고 수혜자 역시 따로 없다. 정보는 정체되지 않고 항상 진보하는 놀라운 지식이 새롭게 만들어진다. 위키피디아와 같은 집단지성 사이트에 올라오는 지식 정보는 정확하고 편견이 없어야 한다. 아울러 정보를 판단하는 개개인의 안목이 중요한 의미를 갖게 된다. 잘못된 정보에 대해서는 이를 바로잡으려는 성숙한 시민사회의 힘과 견제도 필요하다. 인터넷을 통해 유포되는 정보들 때문에 국가의 안전과 문화에 악영향을 미친다고 믿는 국가들이 정부 차원의 검열과 규제를 강화하고 있다. 이 시대의 일원으로서 지식 창조자가 되어 사회 발전에 더 능동적으로 참여할 수 있다.

'집단은 개인보다 더 똑똑하다'라고 토마스 말론 MIT 집단지성연구소장은 말한다. 2004년 이후 지금까지 '웹 2.0의 핵심은 무엇인가'에 대한 논쟁이 진행 중인데, 2006년 후반부터 웹 2.0의 핵심은 '집단지성을 활성화하고 활용하는 것harnessing collective intelligence'이라는 데 동의하고 있다. 집단지성을 활용하거나 활용할 수 있는 서비스가 웹 2.0 서비스며, 집단지성 구현이 개방·참여·공유 등 웹 2.0의 속성과 같다는 것이다.

또한 조지 포George Por와 톰 아틀리Tom Atlee에 의하면 집단지성의 극대화는 구성원들이 여하한 형태의 잠재적인 효용성을 가지는 입력input을 의미하는 '황금제안the Golden Suggestion'을 수용하고 개발할 수 있는 조직의 능력에 달려 있다고 한다. 전체의 사고Group think는 이러한 입력을 선택된 소수 개인에게 한정하거나 충분히 검정하지도 않고 잠재적 황금제안을 걸러 내버림으로써 종종 집단지성의 의미를 퇴색시킨다. 지식집중화 knowledge focusing는 불충분한 정보에 의한 투표(선택)가 어느 정도까지는 임의적random이어서 의사결정 과정에서 걸러져 충분한 정보에 근거한 여론을 이루어낼 수 있다는 가정에서 보면, 많은 독특한 전망과 의견들이 수렴될 수 있는 잠재력을 가지고 있다. 이에 대한 부정적 견해로 나쁜 아이디어, 오해, 잘못된 사실이나 생각 등이 종종 광범위하게 주장되므로 의사결정 과정의 구조화에서는 주어진 맥락에서 임의적이거나 오해에 의한 투표(선택)를 할 가능성이 적은 전문가들의 견해를 참작해야 한다고 지적한다. 2004년에 제임스 서로위키James Surowiecki는 집단지성 4가지 준거를 다음과 같이 주장한다.

첫째, 집단지성은 참가하는 구성원들의 다양성을 유지하는 것이 전제 조건이다. 구성원들의 다양한 의견과 아이디어 등이 미처 알아내지 못하던 관점을 추가하여 개인이 내놓지 못했던 문제 해결

JamesSurowiecki

▍제임스 서로위키│James Surowiecki

의 범위를 확장하거나 기발한 방법으로 해석하게 하는 장점이 있다. 다양성을 추구함으로써 소수의 편향된 개인들의 부당한 영향력에 의해서 한쪽으로 치우친 의사결정을 하는 것을 예방할 수 있다. 구성원들의 만장일치를 추구하는 집단사고groupthink 또는 동조화conformity가 오히려 집단지성을 발휘하는 데 좋지 않은 영향을 미치게 된다.

둘째, 독립성이란 개개인이 타인이나 주변에 의해 영향을 받지 않고, 독립된 판단하에 의견을 낼 수 있는 것을 의미한다. 독립성을 기반으로 한 집단은 현명한 의사결정을 내릴 수 있으며, 그 이유는 두 가지이다. 첫째, 사람들이 저지른 실수가 있을지라도 서로 연관되어 집단 전체의 판단을 손상시키는 것을 막을 수 있다. 둘째, 독립성이 존재할 경우 구성원들이 이미 익숙한 과거의 자료 이외에 새로운 정보를 갖고 있을 가능성이 높아진다. 즉 집단 내에서 다양한 관점을 가지고 있는 구성원들이 서로 독립적인 상태를 유지할 수 있을 때 합리성이 있는 집단으로 유지할 수 있을 것이다.

셋째, 분산화 또는 분권화라는 것은 한 곳에 집중되어 있지 않다는 것을 의미한다. 집단지성은 분산화를 하나의 조건으로 보고, 이것은 집단 내 구성원들이 동일한 문제를 해결하는 데 있어서 혼자서 결정하거나 뛰어난 리더에 의해서 위에서 아래로 지시하기보다는 독립된 다양한 개인들이 분산된 방식으로 풀 때 집단적 해결안이 다른 어떤 해결안보다 효과적일 수 있음을 강조하고 있다. 다시 말해 분산된 사람들의 의견이나 지식, 관심 등이 오히려 전문화를 촉진하고 이러한 전문화로 인해 다시 분산화가 유지되는 것이다. 특히 자발적 및 자율적 참여가 개인들의 독립성과 자율성을 장려함으로써 분산화를 가능하게 하고 다시 집단지성의 원동력이 될 수 있다.

넷째, 또한 집단지성을 형성하기 위해서는 분산화와 동시에 통합이 이루어져야 한다. 통합이란 하나의 목적을 위해서 분산된 독립적인 다양한 개인들의 노력이 하나로 모아지는 것 이상을 의미한다. 즉, 통합이란 분산된 개인들의 지식이 합한 지식 이상인 집단지식으로서 승화되는 것을 말한다. 이렇게 되기 위해서는 분산된 개인의 지식이나 경험을 통합할 수 있는 메커니즘이 필요하다. 메커니즘을 형성하기 위해서 우선적으로 지원되어야 하는 것이 분산된 개인들의 지식이나 경험을 언제, 어디에서든지 접근 가능하여 모든 구성원들의 분산된 지식이나 경험이 공유될 수 있는 시스템이 필요로 할 것이다.

에필로그

    그동안의 네 가지 주제를 가지고 여러 자료들에 대한 정리 및 편집을 책으로 마무리하면서 내 마음에 새겼던 몇 가지의 명문장과 문헌들을 독자들과 나누고 싶다는 생각이 들었다. 다음의 것들은 내가 가는 길이 왜 옳고 정의로운가를 반성하는 거울이 되었던 글이고 한편 힘이 되었던 문장들이다. 정말 힘들 때마다 몇 번이고 곱씹고 곱씹었던 개인적 주옥같은 명언들이다.

    "나를 포함해 대부분의 환경운동가들은 위선자들이기 때문이다. 환경운동가들 중 아무도 그들이 다른 사람들에게 강요하고 있는 방식대로 살고 있다고 자신 있게 말할 수 있는 사람은 없을 것이다. 기존의 대중 저항 운동과는 다르게 이 환경운동은 풍요가 아니라 결핍을 위한 운동이다. 더 많은 자유가 아니라 디 적은 자유를 위한, 오히려 구속을 위한 운동이다. 가장 기인한 점은 다른 사람들에 대항하는 것일 뿐만 아니라 자신에게 대항하는 운동이라는 사실이다."

- 조지 몬비오의 《CO_2와의 위험한 동거》 중에서

"사람이 역경에 처하였을 때는 그를 둘러싼 환경 하나하나가 모두 불리한 것으로 생각된다. 그러나 사실은 그것들이 몸과 마음의 병을 고칠 수 있는 힘과 약이다. 약이 몸에 쓰듯이 역경은 잠시 몸에 괴롭고 마음에 쓰지만, 그것을 참고 잘 다스린다면 몸을 위하여 많은 소득을 기약할 수 있다."

- 채근담

"모든 문명마다 과거에 어떠했는가에 대한 생각이 있다고 봐요. (중략) 선조들이 생활하던 양식 말입니다. 대도시가 아니라 작은 마을에서 공동체를 이루며 거주했던 당시의 생활방식, 그 시점으로 약간만 되돌아가서 균형을 찾아야 하지 않을까 생각합니다. 물론 너무 돌아가도 좋지 않습니다. 전염병이 있으니까요. 그 중간 지점이 어디인지는 여러분이 더 잘 아실 거라고 생각합니다."

- 유진규의 《청결의 역습》 중에서

"인간은 환경을 창조하고, 환경은 인간을 창조한다. 인간은 환경의 산물이 아니다. 인간이 환경을 만든다."

- 벤자민 디즈레일리

"질병에 대해서 두 가지 습관을 가져라. 환자를 도우거나, 그렇지 않다면 적어도 해를 끼치지는 마라."

-히포크라테스

"구두에 발을 맞추어야 한다. 발을 잘라 구두에 맞출 수는 없다."

- 호치민

"言必忠信 行必篤敬(언필충신 행필독경) : 말은 반드시 거짓이 있어서는 아니 되고, 행동은 반드시 바르고 곧아야 한다."

- 孔子, JBCN 제이방송 사훈

"속보는 트위터로 확인한다" 하지만 진실은 공정한 언론을 통해 확인할 수 있다. SNS는 정보를 실시간으로 전달하지만 그것이 사실인지, 진실에 기반한 것인지는 판단하지 않는다. 언론은 통합과 검증을 통해 중요한 것과 중요하지 않은 것들, 소문과 편견을 걸러내어 그 정보가 사실인지를 시민들에게 알려준다.

- 어느 인터넷 사설

"우리는 나보다 똑똑하다(We are smarter than me)."

- 토마스 말론

이것을 기억하자.

점점 더 많아지는 데이터의 흐름 속에서 소문과 편견을, 중요한 것과 중요하지 않은 것들을 걸러내고 정보를 검증하는 정의로운 언론의 역할이 더욱 절실한 사회다. '~로 알려졌다' '전해졌다'라는 표현이 포함된 언론 보도보다는 '확인 결과' '확인됐다'라는 문장이 담긴 언론 기사나 보도가 많아지길 바란다.

미주

미주

1. 메카시즘은 1950년대 미국을 초토화시킨 반(反)공산주의 열풍이다. 미국의 공화당 상원 의원이었던 J.R. 매카시는 1950년 2월 "국무성 안에는 205명의 공산주의자가 있다"고 폭탄적인 발언을 했다. 이로 인해 미국의 외교정책이 필요 이상으로 경색된 반공노선을 걷게 되었다.

2. "과학기술은 정치와 아주 먼 것 같지만, 실제로는 정치와 지극히 가까운 것이 과학기술입니다. 가깝다기보다는, 좀 직설적으로 표현하면 정치가 과학기술을 하수인으로 부려먹는 것이죠. (중략) 과학기술이 정치적이라는 논제에서는 미국의 사정도 비슷합니다. 아폴로 계획은 당초 소련에 뒤졌다는 정치적 의도에서 출발했습니다. 그래서 NASA가 대통령 직속으로 세워졌습니다. 닉슨대통령 때만 달에 몇 번 가고는 다시 안가고 있습니다. 달에 다시 간다면 달착륙이 거짓말이라는 음모론도 한 번에 잠재우고, 여러 가지 실험과 기지 운용 등 실질적인 일을 많이 할 수 있을 터인데도 의미가 없다고 일축하고 있습니다. 이제는 달에 가봐야 정치적으로 별 이득이 없다는 것이죠." -KOSEN, 웹진 120th 정치와 과학기술 칼럼 중에서-

3. https://jmagazine.joins.com/newsweek/view/306280 중앙시사매거진.

4. 기후변화연구소(2012), 「기후변화 알아 두어야 할 10가지」, pp. 8~9.

5. 《투모로우The Day After Tomorrow》는 2004년 개봉한 미국의 재난 영화이다. 지구온난화로 인해 지구에 닥치는 기후변화에 대해 다루고 있다.

6. 사실 지구 대기권은 외계와 복사열의 교환체계를 이루고 있다. 태양으로부터의 복사열은 주로 단파인 가시광선의 형태로 지구 대기권에 흡수되고(solar radiation). 지구대기권은 장파인 적외선의 형태로 외계로 복사열을 방출한다(infrared radiation). 지표면은 태양으로부터 에너지를 흡수하여 대기중으로 지표 복사에 의한 에너지를 내보낸다. 이때 대기는 지표면에서 방출하는 복사 에너지가 직접 우주공간으로 빠져 나가지 못하게 하며 이러한 에너지 순환 과정이 반복되면서 대기는 지표면을 보온하는 역할을 한다. 이러한 대기의 보온을 온실효과 또는 대기효과라 한다.

7. http://www.hamgil.or.kr/[기후변화시대 도시의 미래 02] "기후변화의 진실과 그 적들"에서 발췌.

8. 《가디언The Guardian》(1959년까지는 The Manchester Guardian)은 1821년 창간된 영국의 신문이다. 진보 성향의 대표적인 영국 유력지 중 하나로서 보수 성향의 또 다른 영국 유력지인 《타임스》와 대척점을 이룬다. 매주 월요일부터 토요일까지 베를리너 판형으로 발행되며, 런던과 맨체스터에 본사를 두고 있다.

9. 일반적으로 엘니뇨란 남아메리카 대륙 서쪽 해안으로부터 중앙 태평양에 이르는 동태평양 적도 지역의 넓은 범위에서 해수면 온도가 지속적으로 높아지는 현상을 말하며, 엘니뇨를 정의하는 구체적인 기준은 국가마다 조금씩 다르다. 원래 엘니뇨라는 말은 매년 12월 경 페루 연안에 찾아오는 난류를 일컫던 말로, 바나나와 코코넛의 수확기인 이때에 난류를 따라 찾아오는 많은 고기떼로 인한 풍요로움을 하늘에 감사하는 뜻으로 페루 어민들이 크리스마스와 연관시켜 엘니뇨라 불렀다. 엘니뇨El Nino는 스페인어로 '남자아이'를 뜻하며, 특히 이 현상이 크리스마스 무렵에 자주 나타나므로 '아기예수'를 의미하게 되었다. 그런데 남아메리카 페루 연안에서는 수년에 한 번씩 해수면 온도가 높은 상태가 1년 이상 지속되면서 플랑크톤이 감소하고 이에 따라 어획고가 급격히 감소하며, 남아메리카 서해안 일대에 호우가 빈발하는 등 이상기상에 의한 피해가 나타나곤 했는데 이러한 현상도 함께 엘니뇨라 불렀다.

10. Source: www.commondreams.org; Published on Wednesday, February 22, 2006 by CommonDreams.org

11. IPCC 5차 평가보고서 참조.

12. IPCC, 2007 참조.

13. Adger, N., et al. (eds) (2006). Fairness in adaptation to climate change, Cambridge, MA: MIT press, pp.131~154.

14. 온실가스는 주로 석탄, 석유등의 화석연료 때문에 발생하고 있다. 그리고 온실효과를 이루는 주요 기체에는 6가지가 있는데 이를 흔히 6대 온실기체라 부른다. 이 기체에는 이산화탄소, 메탄, 이산화질소, 수소불화탄소, 과불화탄소, 육불화황이 있다.

15. 박찬국(2004),《환경문제와 철학》, 집문당, p. 13.

16. 인간생태학은 지역공동체local community를 하위-사회적subsocial 차원과 사회적social 차원이라는 두 측면으로 구분한다. 그는 하위-사회적 차원, 즉 공동체란 생태학적인 것이며 따라서 인위적이지 않고 자연스러운 것이라고 규정한다. 반면 사회적 차원은 협동, 조직, 문화와 같은 사회 과정들과 같은 것이며 이러한 것들은 보다 인간적이며 문명화된 것으로 구분한다.

17. Hannan, M. T. & Freeman, J.(1989), "Organizations and Social Structure" in Organizational Ecology, Cambridge, Harvard Univ. press, pp. 3~17 참조.

18. 국토연구원(1997),《월간국토》, 6월호, pp. 92~97.

19. 문화 생태학을 발전시킨 스튜어드는 문화 생태학의 방법의 적용절차를 다음과 같이 설명하였다. 첫째, 환경과 전유 기술 혹은 생산 기술과의 관계 파악, 둘째, 특정 영역에서

어느 특정의 기술을 통해 이루어지는 전유 속에 포함된 행위 유형의 파악, 셋째, 전유 속에 포함된 행위 유형들이 문화의 다른 양상들에 미치는 영향의 정도를 파악하는 것이다. 문화 생태학에서는 문화도 생물의 종과 마찬가지로 환경에 대한 적응과정의 산물이며 적응가치의 증대를 통해 진화한다고 본다.

20. 배용광·이성해(1977), "문화생태학과 생태인류학: An Overview of Cultural Ecology and Ecological Anthropology", 『文理學叢』, 경북대문리과대학, p. 35.

21. 배용광·이성해(1977), "문화생태학과 생태인류학: An Overview of Cultural Ecology and Ecological Anthropology", 『文理學叢』, 경북대문리과대학, pp. 40~41.

22. 그 하나의 예로 필리핀의 클락Clark과 수빅Subic에서 미군기지 환경오염으로 인해 발생한 환경재앙을 제시할 수 있다.

23. '환경정책과정에의 주민참여 유형화와 촉진 방안', 정회성 외. 서울시 녹색시민위원회 주최 「환경행정에 대한 주민참여 실태와 대안」 세미나(2000년 7월4일) 발표원고. p. 8.

24. '환경정책과정에의 주민참여 유형화와 촉진 방안', 정회성 외. 서울시 녹색시민위원회 주최 「환경행정에 대한 주민참여 실태와 대안」 세미나(2000년 7월4일) 발표원고. p. 2.

25. '환경정책과정에의 주민참여 유형화와 촉진 방안', 정회성 외. 서울시 녹색시민위원회 주최 「환경행정에 대한 주민참여 실태와 대안」 세미나(2000년 7월4일) 발표원고. p. 8.

26. 중부일보(2012), 11월 16일 보도, http://www.joongboo.com/news/articleView.html?idxno=820115.

27. 이영균(2007), "지역주민의 삶의 질에 관한 연구", 〈한국 정책과학 학회보 11〉, p. 225.

28. Pavot, W. and E. Diener(1993), "Review of the Satisfaction with Life Scale", Psychological Assessment 5를 참조.

29. 이곤수(2011), "삶의 질 관점에서 본 평택시의 정부신뢰", 동아시아연구원 Working Paper, p. 13.

30. 이곤수(2011), "삶의 질 관점에서 본 평택시의 정부신뢰", 동아시아연구원 Working Paper, p. 14.

31. 이종구 외(2009), 《지역사회 아토피·천식 예방관리를 위한 아토피·천식의 역학과 관리》, 질병관리본부, pp. 44~45.

32. 환경오염과 유해물질(국가건강정보포털 의학정보)

33. Science times. 2014. 9.10일자 〈전 생애에 영향 미치는 '환경호르몬'〉 www.science times.co.kr/news

34. 김덕원, "전자파와 건강" 참조.

35. 김호군, 《전자파와 인체》, 영풍문고 (1996), pp. 183~185.

36. Mary Ellen O'Connor, Prenatal Microwave Exposure and Behavior, in Mary

Ellen O'Connor & Richard H. Lovely (eds.), Electromagnetic Fields and Neurobehavioral Function, Alan R. Liss (1989), pp. 265~288.

37. 김호군,《전자파와 인체》, 영풍문고 (1996), pp. 156-157.

38. 님비NIMBY는 Not In My Back Yard의 줄임말로 즉 "내 뒷마당에서는 안 된다"는 지역 이기주의를 의미하는 용어이다. 한국에서도 장애인 시설, 쓰레기 소각장, 하수 처리장, 화장장 등의 시설물을 자신들이 사는 지역에 설치하는 것을 지역 주민들이 반대하는 것으로 나타난 바 있다. 1987년 3월 미국 뉴욕 근교 아이슬립에서 배출된 쓰레기의 처리 방안을 찾지 못하자, 정부는 쓰레기 3,000여톤을 바지선에 싣고 미국 남부 6개 주에서 멕시코 등 중남미 연안까지 6개월 동안 6,000마일을 항해하면서 처리할 지역을 찾았지만 결국 실패하고 돌아온 사건이 님비 현상의 기원으로 알려져 있다. 님비는 지방 자치제가 발달함에 따라 중앙정부와 지방정부, 또는 지방정부와 지역주민들 간의 갈등 등 다양한 모습의 사회적 갈등 현상으로 드러나고 있다.

39. 여기의 내용은 베트남어로 되어 있는 위키 백과사전의 내용을 번역하고 그 외의 부족한 부분은 베트남의 역사교사의 설명과 한국어로 되어 있는 기타자료를 발췌하고 기타의 인터넷 정보들을 간단하게 정리한 것이다. 특히 베트남의 중부지방은 북. 남부 관광지 보다 좀 더 역사적이고 관광자원이 상대적으로 매우 풍부한 지역이다. 그러나 각 지역 관광지의 특징적인 역사 자료 등이 한국어로 되어 있는 책자에는 많이 부족한 것이 지금의 현실이다. 그리하여 베트남에 대한 환경과 관광의 배경지식에 보다 큰 도움을 주고자 이 부분을 작성하였다.

40. 짬파 혹은 참파 민족은 AD 1-2세기 경에 인도네시아 말레시아 근방의 말레이 계통의 힌두교를 믿는 민족들이 베트남 중부지방 지역에 들어와 지정학적 천연의 요새의 환경으로 인하여 16세기까지 1,400년간 융성했던 나라다. 참파왕국은 특히 14세기 초에 특히 강력하여져 베트남의 짠왕조를 공격하여 왕을 살해하여 짠왕조가 멸망하는 직접적인 원인을 제공하기도 하였다. 이후 왕국은 점점 쇠락하여지고 베트남에는 강력한 레왕조가 들어서면서 현재 후에, 응애안 지방인 왕국의 북쪽 지방을 내주게 되고 왕도 역시 짜큐에서 남부의 빈딘성 근처로 이전하게 된다. 16세기 초에 베트남 레왕조의 4대 왕인 레탄똥 왕에 의하여 참파왕국은 결국 완전히 멸망을 당하였다. 참파왕국의 쇠퇴시기에 북쪽 일부지방을 베트남 왕국에 할양한 것은 전쟁에 의한 침탈이 아니고 참파의 왕이 베트남 공주를 매우 사모한 나머지 자기의 일부 영토를 할양하고 베트남 왕국의 공주를 부인으로 맞아들이면서 북쪽 영토를 제공하였다

41. 응오딘지엠의 가장 큰 실책들 가운데 하나는 토지 개혁 실패였다. 북쪽 베트남 민주공화국이 비엣민 시기 협력의 대상이었던 민족주의적 지주에 대해서까지 예외 없이 토지 개혁을 단행하여 공포정치라는 비난을 받기까지 하였던 것과는 달리, 응오딘지엠 정권은 별다른 토지 개혁을 하지 않아 농민들의 이반을 자초하였다. 베트남의 대표적인 농업지역인 메콩 강 삼각주를 비롯한 농지는 프랑스 식민지 시기 이래 지역 인구의 2%

인 지주가 전체 토지의 45%를 차지하고 있었다. 하지만 응오딘지엠 정권이 실시한 토지 개혁은 매우 미약한 것이었다. 1956년 미국의 압력으로 발표한 토지 개혁은 지주의 토지 보유 면적을 1.15km²로 제한하였으나, 지주들이 가족에게 토지를 이양하는 것을 허용하여 사실상 토지 개혁 자체가 무용지물이 되었다. 결국, 남베트남의 토지개혁으로 이익을 본 소작인은 10% 정도에 불과하였다. 이와 같은 남북의 토지개혁 차이는 농민들이 남베트남 민족해방전선을 지지하는 이유가 되었다.

42. 이선호, 『베트남전쟁에 대한 미국의 비판 및 재평가』, 〈동국대학교행정대학원〉, 1999, p. 141.

43. Thảm sát Phong Nhất vá Phong Nhị : Thảm sát Phong Nhất vá Phong Nhị lá một tôi ác chiện tranh cứa Quân đội Hân Quốc gây ra trong thôi gian Chiến tranh Viêt Nam. Vâo ngây 12 thâng 2 năm 1968 tại khu vực lâng Phong Nhât vâ Phong Nhị, tinh Quâng Nam, các đon vị quân đội Hân quốc đã thâm sât hâng loạt dân thuông không cơ vũ khí, trong đó phần lớn lá phu nữ vá trẻ em. 베트남 원문

44. Thảm sát Há My : Thảm sát Há My lá một tôi ác chiến tranh của Quân đội Hân Quộc gây ra trong thôi gian Chiến tranh Viêt Nam. Vâo ngây 25 thâng 2 năm 1968 tại khu vực Hâ My (nay thuộc thôn Hâ My Tây, xã đien Duong, huyện Diện Bân, tinh Quâng Nam), hai đài đội của Lũ đoán lính rống Xanh Rống Xanh Hân Quộc đã thâm sát 135 dân thường không có vũ khí, trong đó phần lớn lá người giá phu nữ vátrẻ em.

45. 43 năm sau vụ thảm sát Há My: Chung tay vượt nổi đau Dân Việt) − 43 năm sau vụ quân đội Dai hàn (Nam Triều Tiên) thảm sát 135 nan nhân xóm Tây thuộc láng Há My (xã diện bàn, Quâng Nam), đầu xuân Tân mão, gần 140 người dân trong xóm và con em ho ở khắp nơi đã trở về họp mặt... Ký ức đau thương Bà phạm Thị Hoa, còn gọi là lập, cụt bàn chân trái bà thương thị thú cụt bà chân phai; chi trinh, chi Bon, anh dinh, Nam... 이하 생략

46. 2013년에 북서태평양에서 발생한 30번째 태풍이자 3번째 카테고리 5등급 슈퍼태풍이다. 하이옌의 중심기압은 (RSMC 기준) 895hPa까지 도달하여 중심기압이 885hPa를 기록했던 2010년의 태풍 메기 이후 3년 만에 중심기압이 800 hPa대로 떨어진 태풍이 되었다. 특히, 대한민국 기상청은 세력을 890hPa로 기록했다. 11월 7일, 최성기를 맞을 당시 하이옌의 1분 평균 최대풍속은 미국 합동태풍경보센터 기준으로 시속 315km을 기록했고 그 세력을 그대로 유지한 채 필리핀 동사마르 주에 상륙하면서 공식적으로 전 세계에서 발생한 모든 열대저기압(태풍, 허리케인, 사이클론 전체 통틀어서) 중 상륙할 때 최대풍속의 1위 기록을 세웠다. 순간최대풍속은 무려 380km/h(205kt)이었다. 이는 1969년 허리케인 카밀레의 시속 280 km을 뛰어넘는 기록이다. 하이옌의

10분 평균 최대풍속은 125kt(시속 232km)가 관측되어 1979년의 태풍 팁이 기록한 140kt(시속 260km) 다음으로 강했다.

47. 1587년 마닐라 주변의 수장들이 반 스페인 동맹결성하였고 1744년 다고호이 사건으로 반크리스트 운동이 일어났다. 1762~1764년 영국 점령기의 디에고 시란의 반란과 1841년에는 산호세 형제회 결성되었다. 이후에 스페인은 교회의 필리핀화 정책을 추진하고 이의 일환으로써 필리핀인 사제를 인정하는 재속사재在俗司祭 정책을 시행하게 되는데 이는 오히려 수도사제와 재속사제의 대립을 낳고 재속사재의 민중운동을 촉발하는 계기가 되었다.

48. 1946년 7월 4일 필리핀과 미국의 통상무역에 관한 'The Phillippine Trade Act of 1946' 혹은 법안을 제시했던 벨 상원의원의 이름을 딴 '벨'협정이 양 정부에 의해 조인되었다. 전후 복구를 위해 미국의 원조를 받고 자본을 끌여 들어야 하는 필리핀의 상황이 일부 반영되었다고는 하지만 이 협정의 실제 의미는 필리핀 헌법에 있는 '필리핀인들이 적어도 60% 이상의 주식을 갖고 있는 회사만 필리핀의 천연자원을 처분, 개발, 이용할 수 있다'는 조항을 무시한 채 미국인들도 필리핀인과 '동등한 권리'를 부여받는다는 것이다. 이 법안은 이후 여러 차례 개정을 거치기 하였지만 실제 국내 자본력이 부족한 필리핀에서는 자원의 이용권 대부분을 미국에 넘겨주게 된 결과를 낳는다.

49. 필리핀의 독립에 맞추어 미국과 필리핀은 'The Treaty of General Relations 일반관계 조약'을 맺게 된다. 이 조약의 1조에는 '미국이 통치하던 모든 권한과 시설들을 철수하되 미국과 필리핀이 공동방위를 위해 필요하다고 여겨지는 경우 군사시설과 사용 권한을 필리핀의 동의 아래 남길 수 있다'고 되어있는데 이 조약은 다음해 미군기지의 계속된 주둔에 대한 법적인 근거가 되었다. 이 조약에 근거해 다음해인 1947년 3월 14일 상호방위를 목적으로 '99년 동안 사용료 지불 없이' 필리핀 전역에 23개의 기지 및 군사시설을 사용할 수 있도록 하는 Military Bases Agreement[MBA]가 체결된다.

50. 정명희, "수빅과 클락의 교훈", 연차 보고서, 녹색연합을 참조.

51. http://ko.wikipedia.org/wiki/캄보디아

52. 캄보디아 개황, 2011. 10, 외교부

53. 앙코르와트 [Angkor Wat] (실크로드 사전, 2013, 창비).

54. Boyd, D. M. and Ellison, N. B. (2007). "Social network sites: Definition, history, and scholarship.", Journal of Computer-Mediated Communication 13(1), pp. 210~230.

55. Boyd, D. M. and Ellison, N. B. (2007). "Social network sites: Definition, history, and scholarship.", Journal of Computer-Mediated Communication 13(1), pp. 210~230.

56. 한국방송통신전파진흥원(2012). "SNS(Social Network Service)의 확산과 동향".

57. 2013년 3월말 기준, Monthly active users

58. 정치학대사전편천위원회, 2002, 《21세기 정치학대사전》, 한국사전연구사, (http://terms.naver.com/entry.nhn?docId=729335&cid=476&categoryId=476 재인용).

59. 이창식(2009), "인터넷이용이 청소년의 정치사회화에 미치는 영향", 《한국청소년학회 학술대회》, pp. 285-287(재인용).

60. http://ko.wikipedia.org/wiki/튀니지_혁명 (검색일:2014.5.23.)

61. http://ko.wikipedia.org/wiki/2011년_이집트_혁명 (검색일:2014.5.23.)

62. http://online.wsj.com/news/articles/ (검색일:2014.5.23.)

63. http://ko.wikipedia.org/wiki/노무현_대통령_탄핵_소추 (검색일:2014.5.23.)

64. http://ko.wikipedia.org/wiki/2008년_대한민국의_촛불_시위 (검색일:2014.5.23.)

65. 금혜성(2013), "소셜 네트워크 시대의 선거캠페인", 〈소셜 네트워크와 선거〉

임승근

(국립)한경대학교 산업대학원 졸업(조경공학 석사취득)
중앙대학교 산업경영대학원 졸업(문화예술경영학 석사취득)
(전)평택시의회 5대,6대 산건위원장, 부의장
(전)평택시 도시계획 위원
(전)평택시 기업지원 옴부즈맨 자문위원
(전)국민건강보험공단 평택지사 자문위원
(전)평택시 규제개혁위원회 위원
(전)평택시 북한이탈 주민지원 지역협의회 위원
(전)민주 평화통일 자문회의 자문위원
(전)한국 가족 복지학회 상임이사
(전)jbcn제이방송 대표이사
(현)평택시 환경연합회 고문
(현)평택시 사회복지협의회 이사
(현)수원지방법원 평택지원 민사 및 가사조정위원
(현)(사단법인)한국BBS중앙연맹 부총재(제2015-01호)
(현)평택균형발전포럼 대표(평택의 미래를 함께 고민하는)

저서 및 논문
『소리 없는 대재앙』
『성공과 행복의 교향악(공저)』
「지역 주민 의견 수립을 통한 경기도 도민의 숲 타당성 연구」
「지역 발전 방안 모색을 위한 문화예술정책 방향에 대한 연구」
외 다수